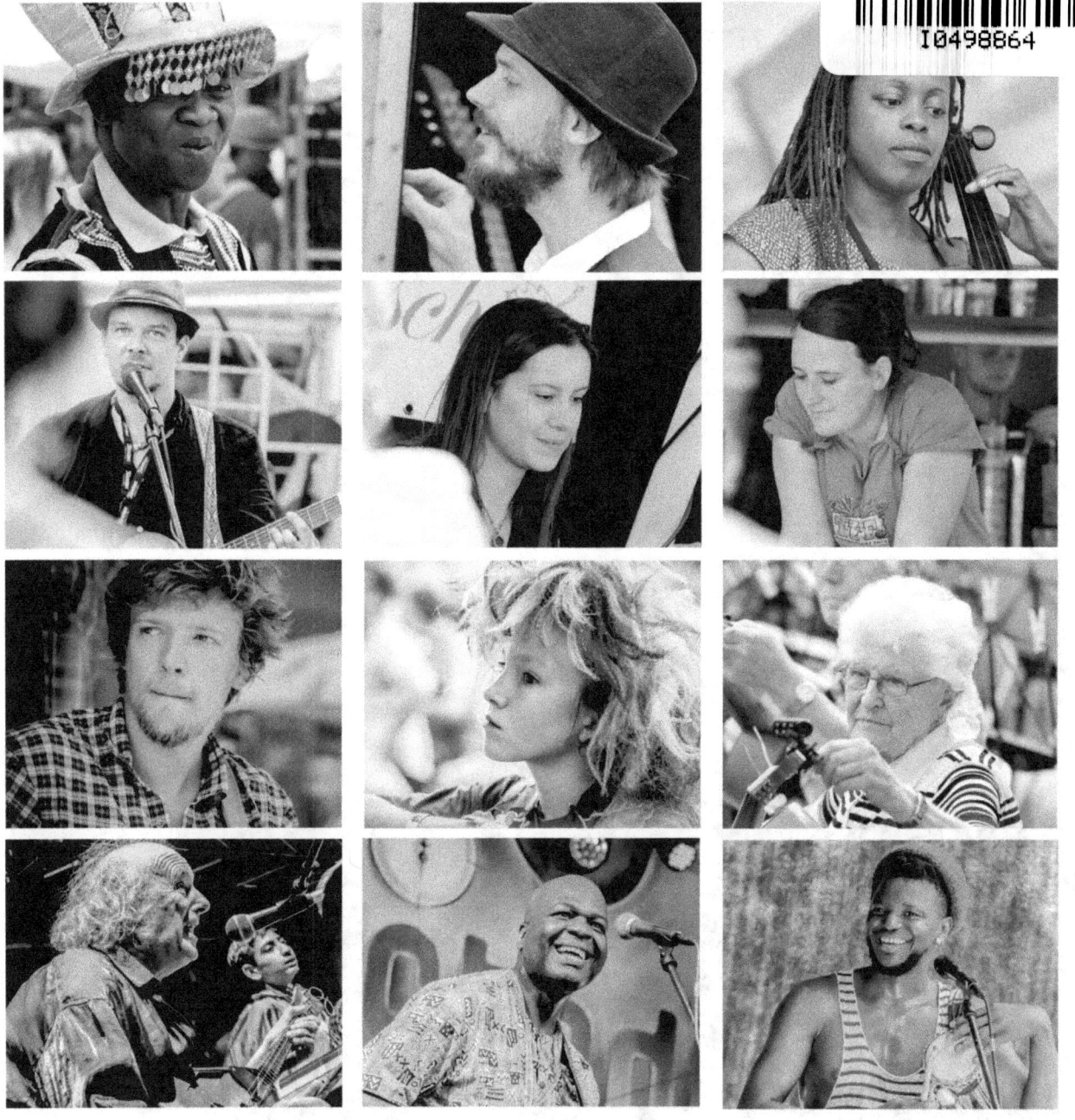

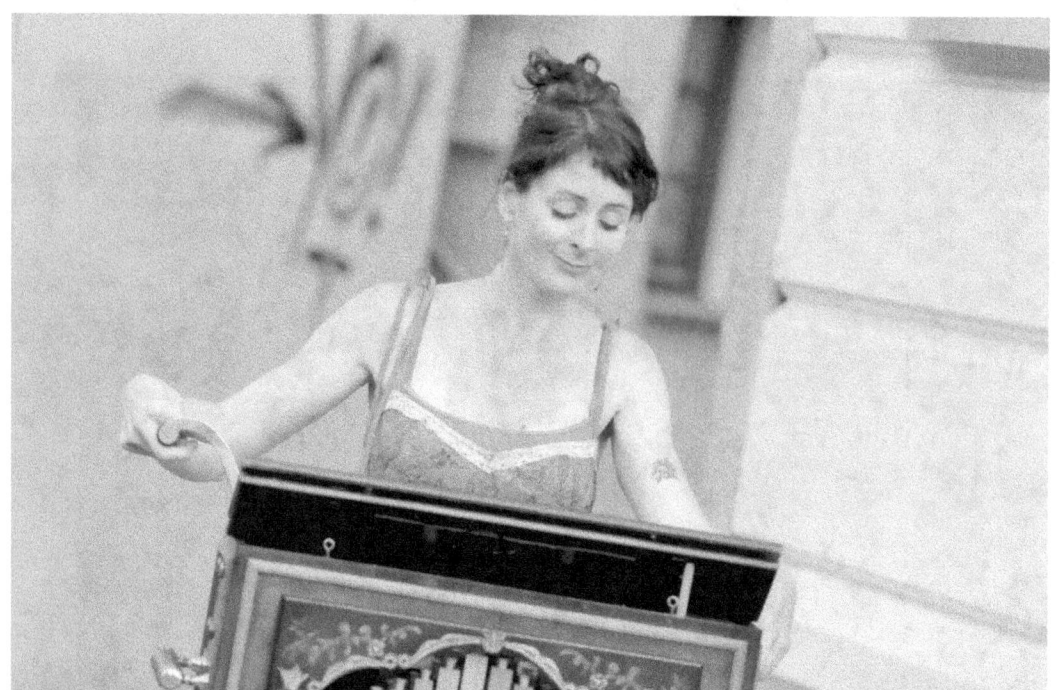

Titelfoto:

Varia Linnèa Sjöström - Voita Varma Surma, 2013

De Strauwanza, 2014

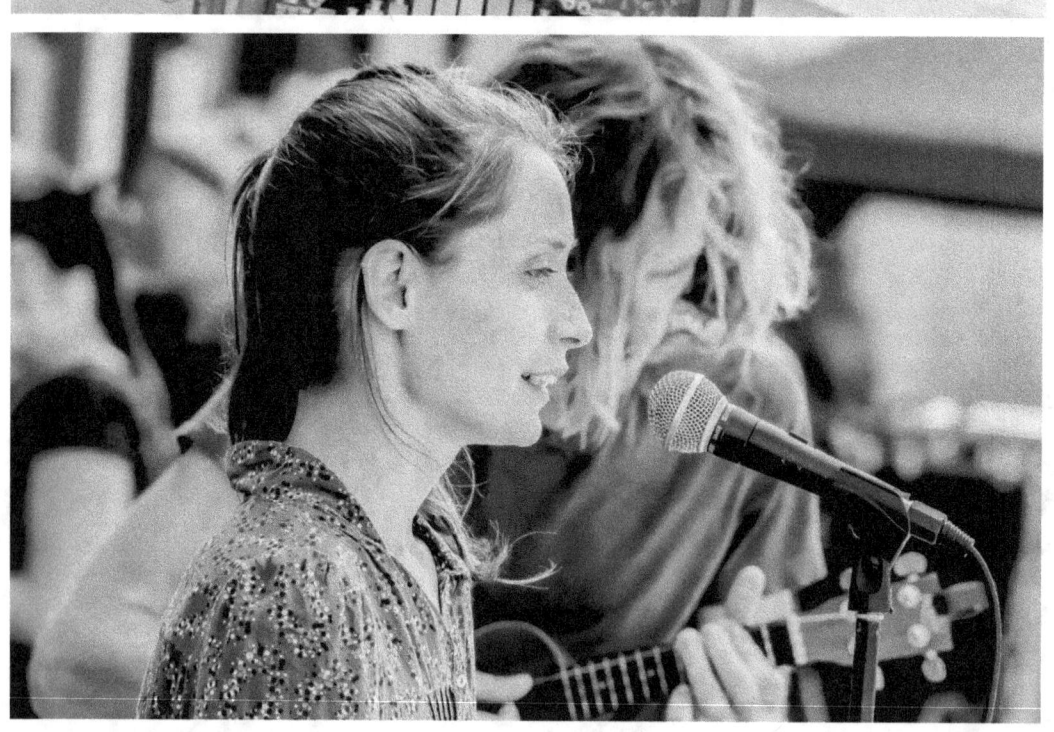

Rajzefiber, 2016

## Blicke ohne Grenzen - Musikfestival Rudolstadt

Das Festival in Rudolstadt ist ein Festival für Entdeckungen. Die meisten Gäste kommen hierher aus Neugier auf die Künstler, die sie (noch) nicht kennen. Unbekümmert um Länder- und Musikgrenzen hat das Festival seit vielen Jahren ein bemerkenswertes Eigenleben entwickelt und quer durch alle Altersgruppen eine kaum überschaubare Fangemeinde gewonnen. An jedem ersten Juli-Wochenende strömen zehntausende Weltmusik-Anhänger in die Stadt an der Saale und entern die Plätze vor den Konzertbühnen in der Altstadt, im Heinepark und auf der Heidecksburg. So auch Jens Schulze mit seiner Kamera. Das Rudolstadt-Wochenende Anfang Juli hat seinen eigenen Reiz. Das liegt auch am gelassenen Umgang miteinander. Schon wenn man inmitten eines bunten Volkes durch die alten Gassen schlendert, fühlt man sich in eine Welt aufgenommen, in der die Idee absurd scheint, dass man Menschen durch Grenzen trennen muss. Zwischen der musikalischen Vielfalt beim Festival und der Verschiedenheit der Lebensentwürfe der Teilnehmer ist der Zusammenhang offensichtlich. Zumindest optisch unübersehbar. Die hier vorliegende Fotoauswahl zeigt einige Menschen mitten im Geschehen. Mit ihren Hoffnungen, Träumen, Illusionen, mit ihrer Kreativität und Lebensfreude. Kleine zauberhafte Momentaufnahmen aus dem Festivaltrubel. Dass Jens für diese Zusammenstellung mehrheitlich Porträts von Künstlern ausgewählt hat, ist vielleicht nicht Absicht, aber sicher kein Zufall. Denn sie sind die Zauberer, jedes Jahr neu.

Gunnar Zessin, Berlin

## Der Katalog zur Wanderausstellung

Er enthält eine kleine Auswahl aus tausenden Fotos, die in den Jahren 2013 bis 2016 zum jährlichen Musikfestival in Rudolstadt entstanden sind. Die Motive in den Ausstellungen selber werden sich den Räumlichkeiten anpassen und unterschiedlich in Umfang und Format zu sehen sein. Die Arbeiten stehen in der Tradition der Arbeiterfotografie und verfolgen keine kommerzielle Zwecke. Ich bedanke mich unter anderem beim Verlag 8. Mai bzw. bei den Mitarbeiter*innen der Publikationen des Verlages, der Jungen Welt und Melodie & Rhythmus, für die ich auf dem Festival fotografieren durfte.

Jens Schulze, Berlin

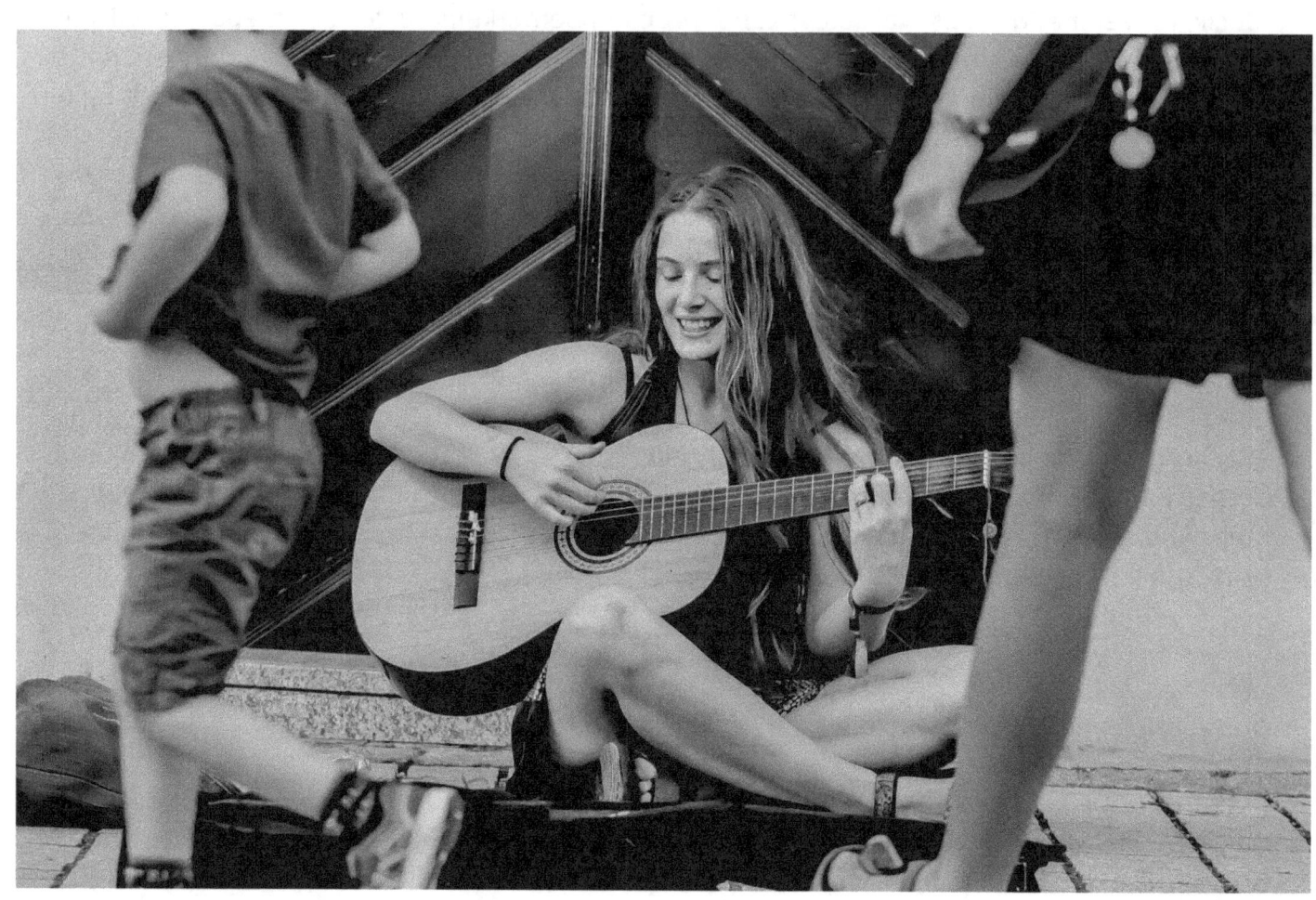

Kia Lutner, 2016

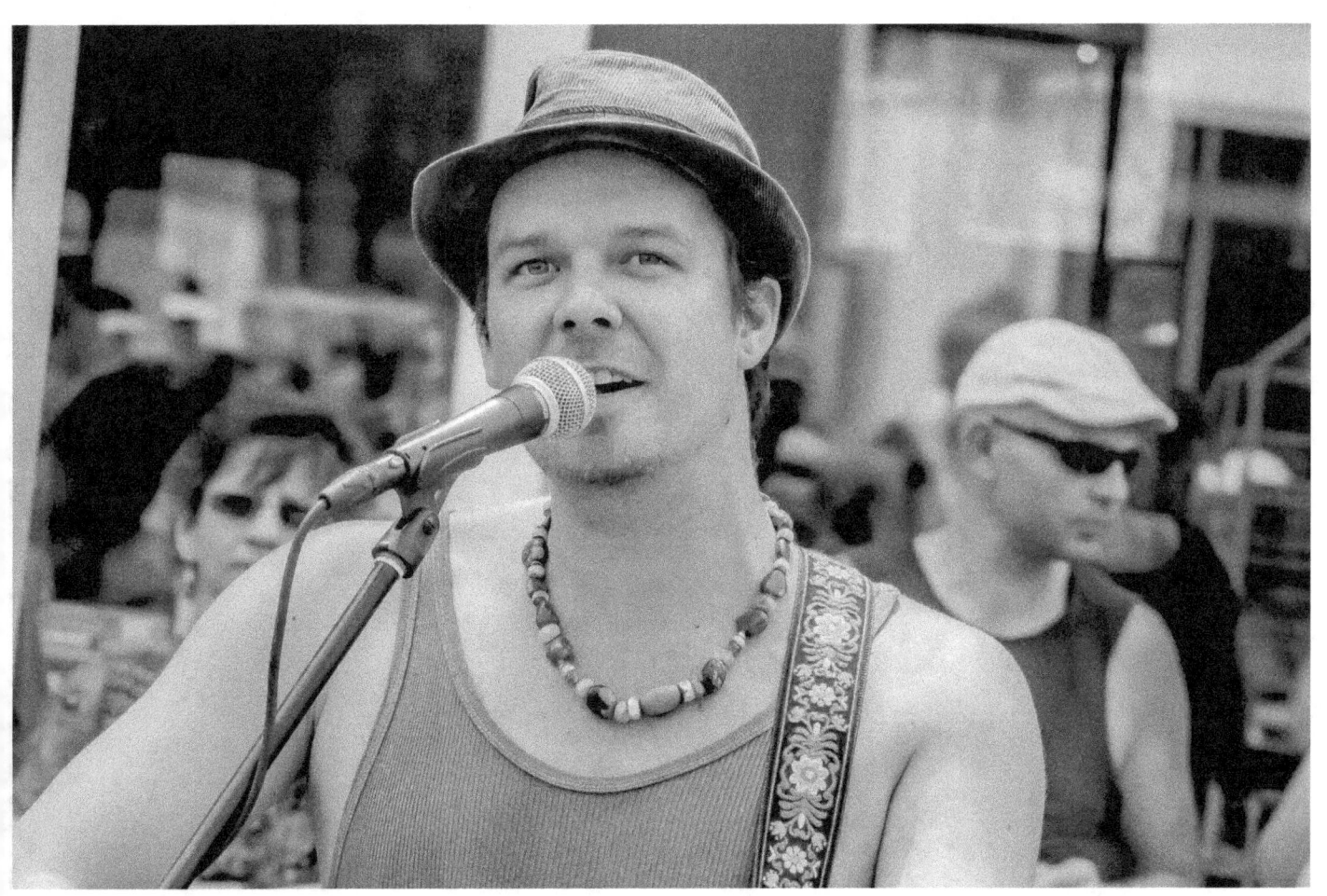

Erik Manouz, 2016

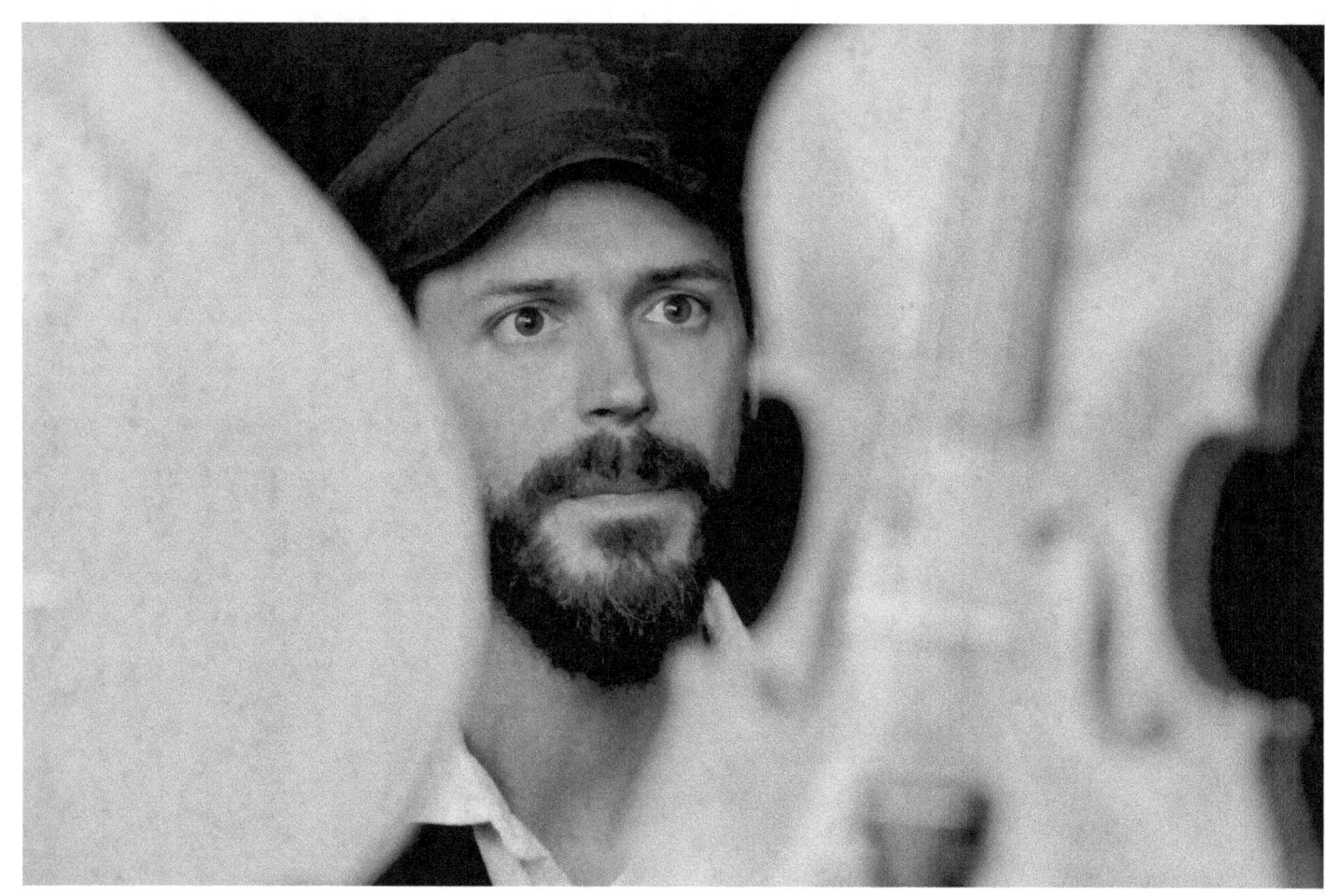

Mangelgasse - Musikinstrumentenbauer*innen, 2013

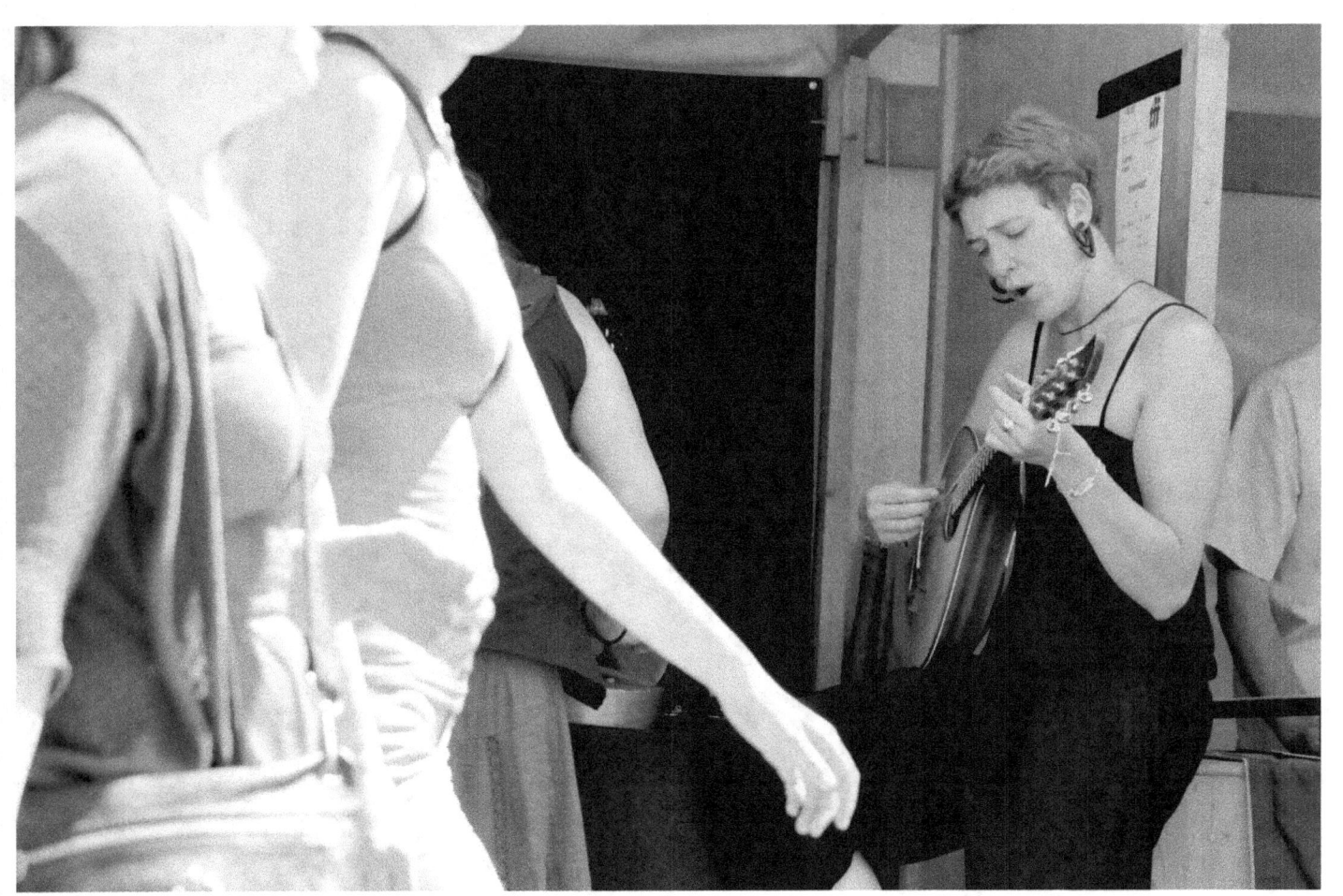

Mangelgasse - Musikinstrumentenbauer*innen 2013

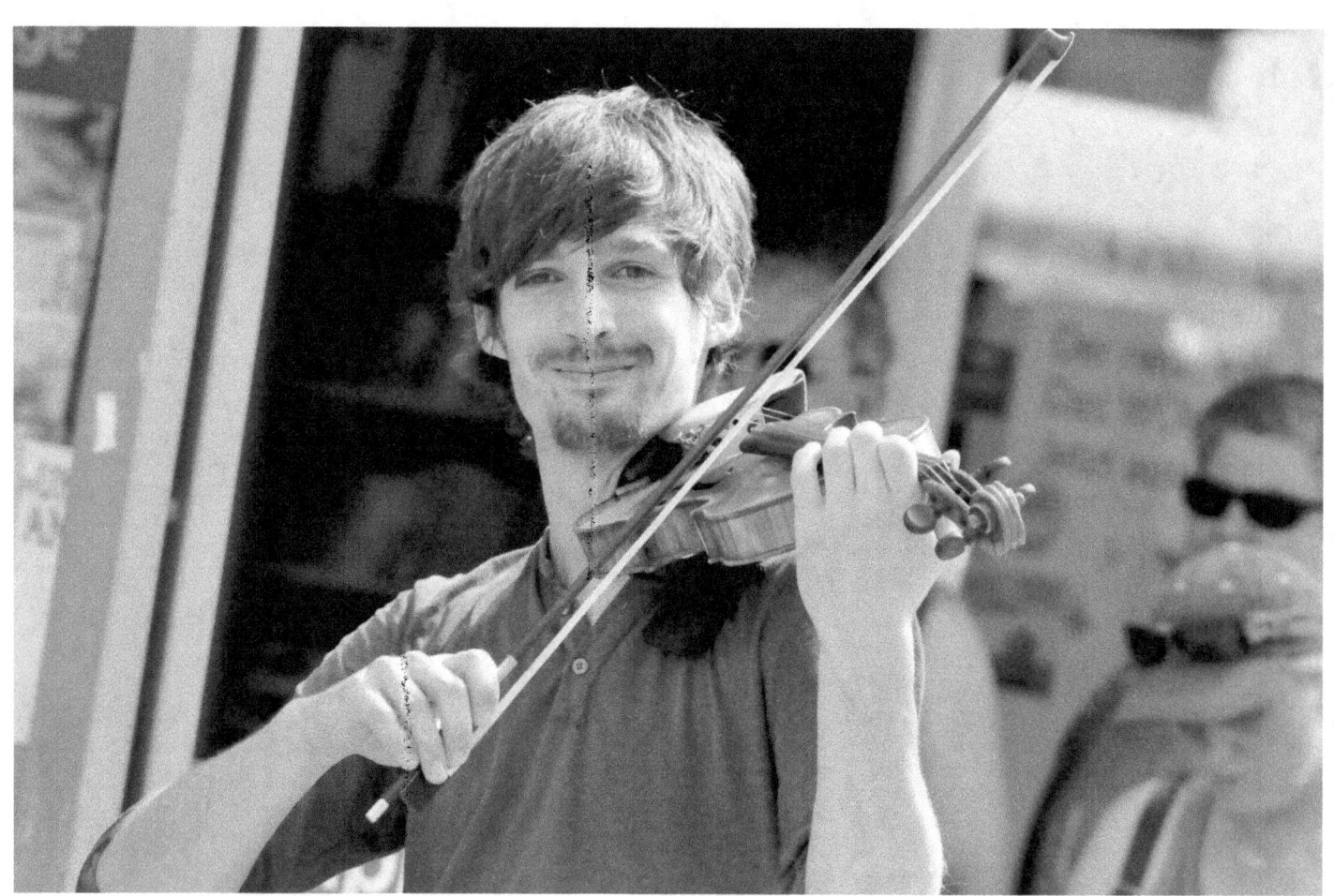

Stilbruch, 2013

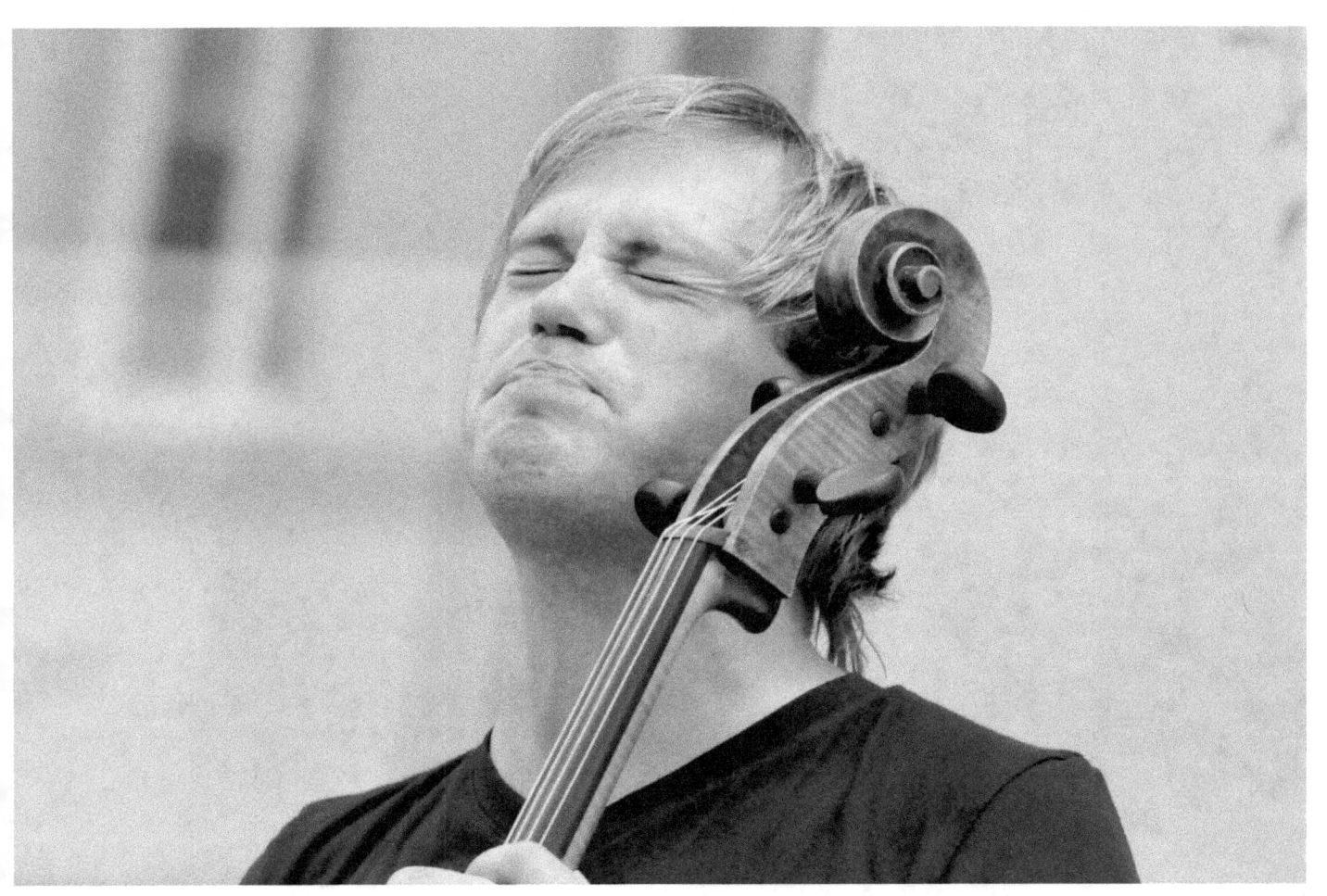

Stilbruch, 2013

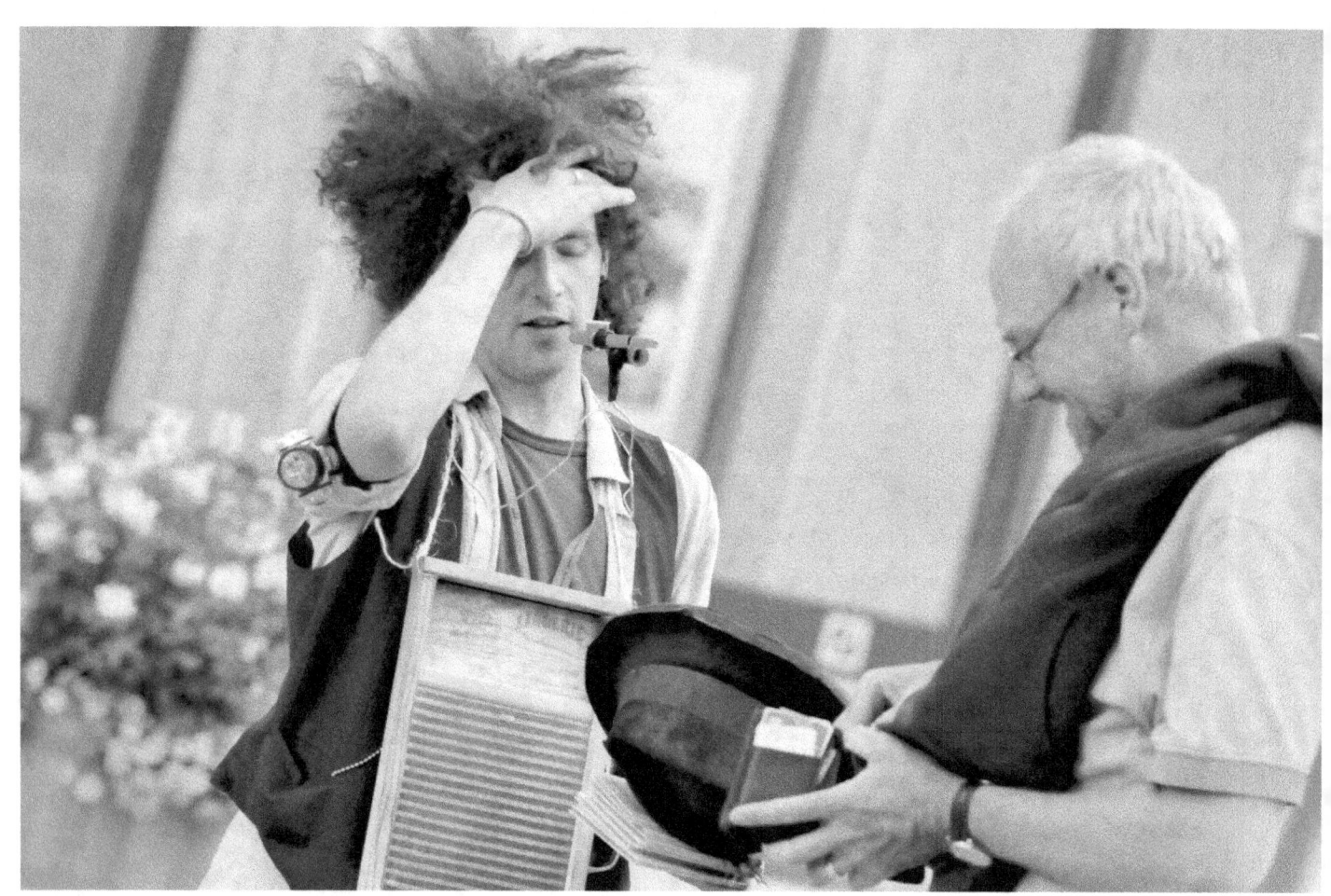

Dizzy Birds, 2014

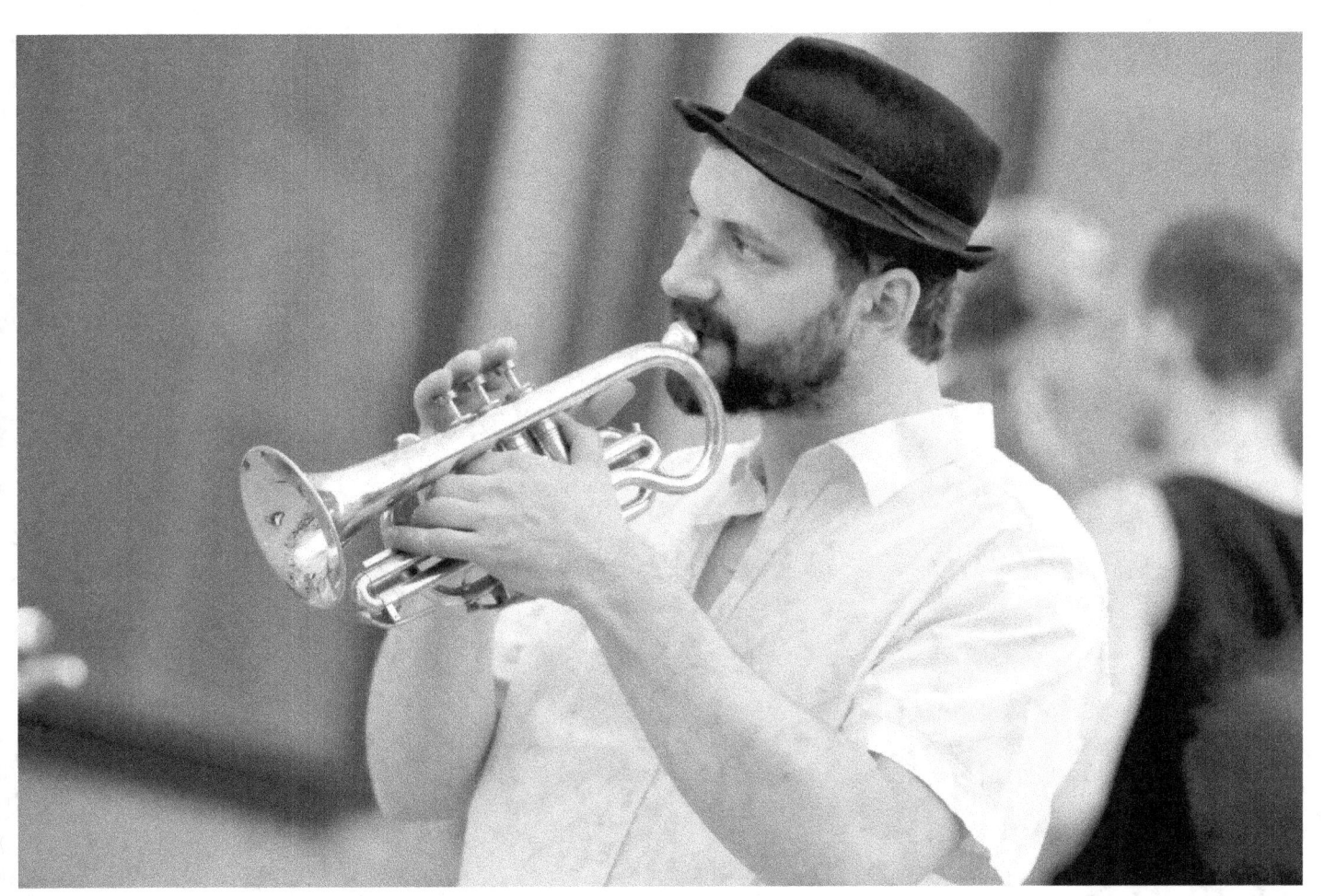

Dizzy Birds, 2014

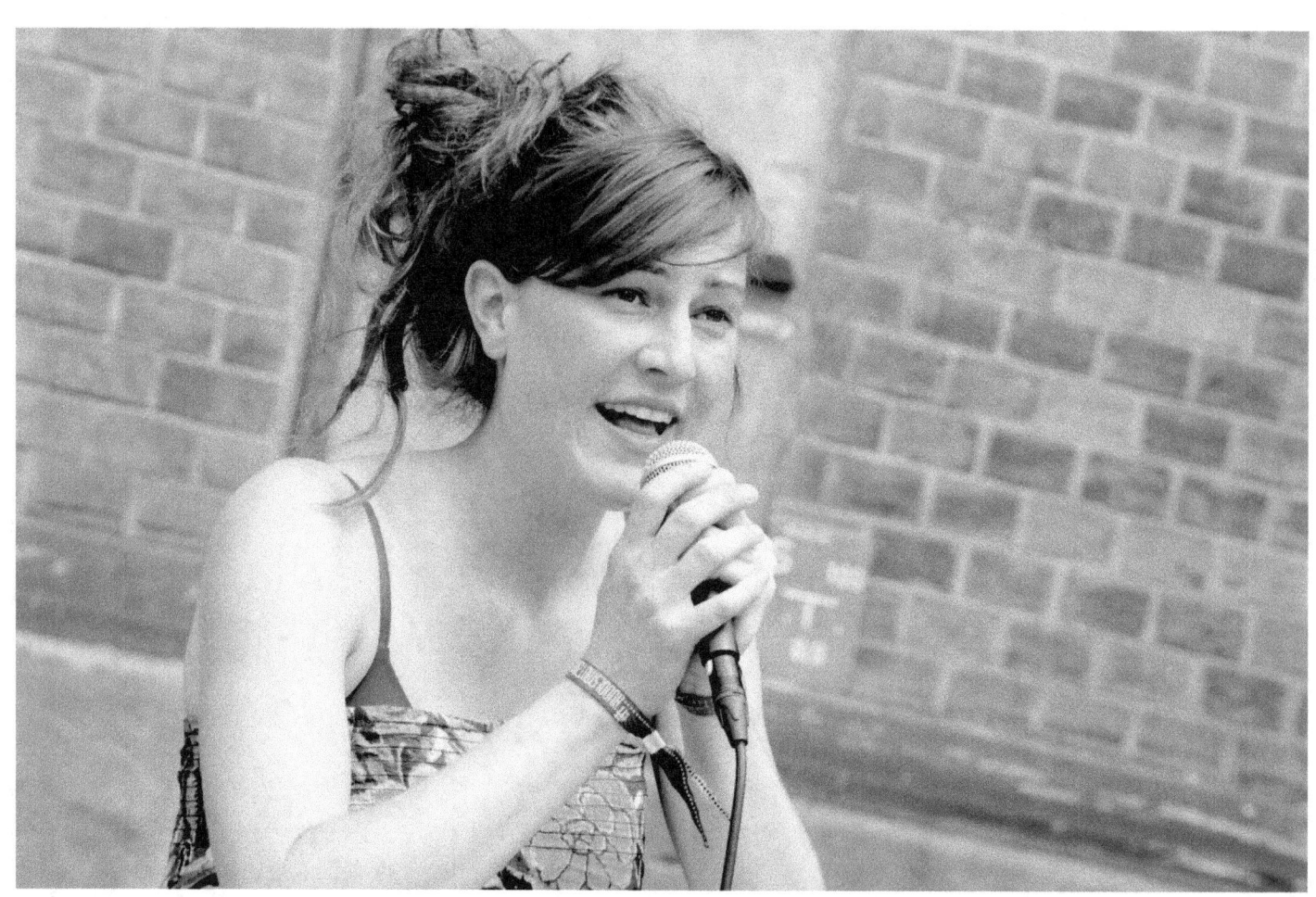

The penrose, 2014

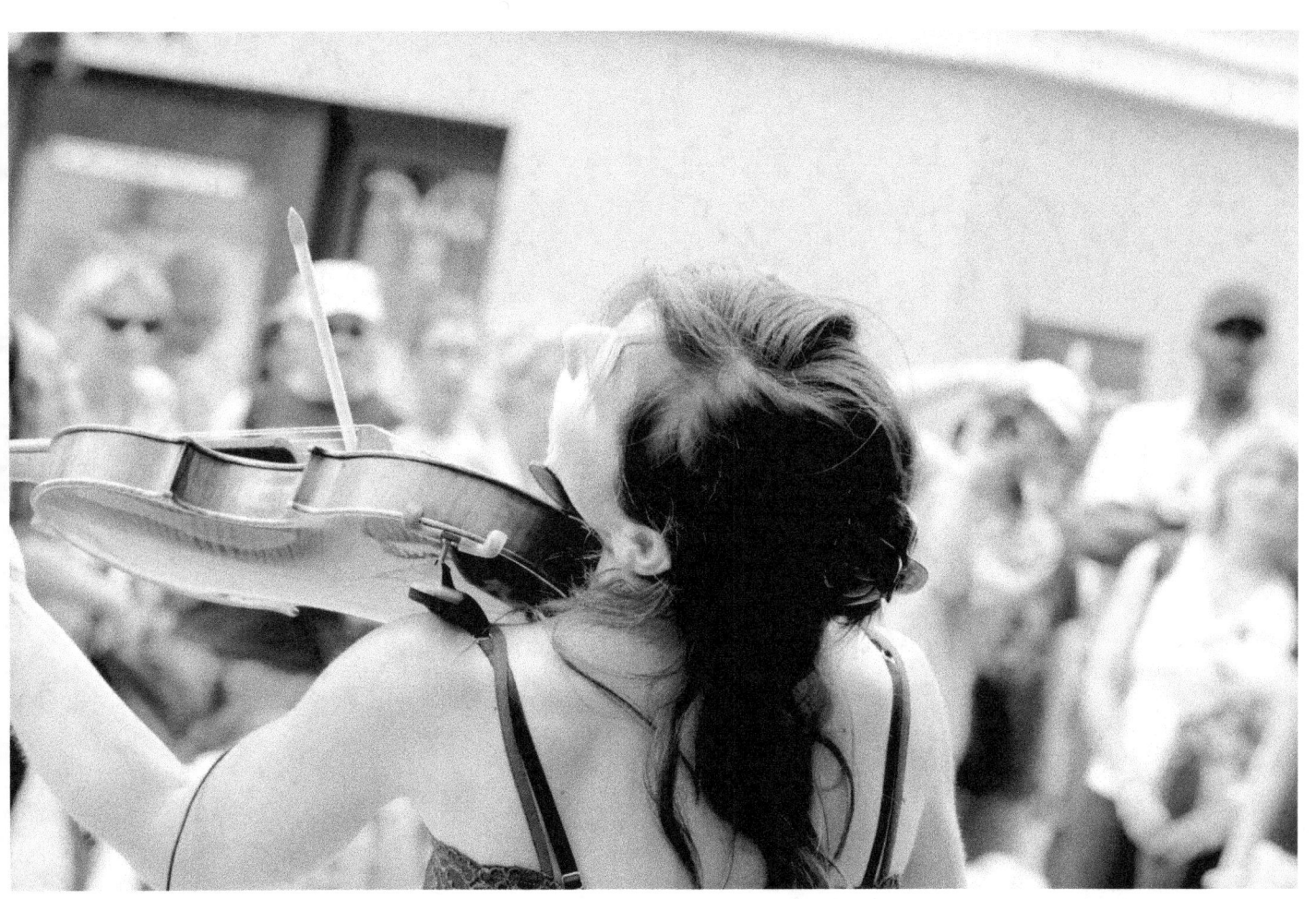

The penrose, 2014

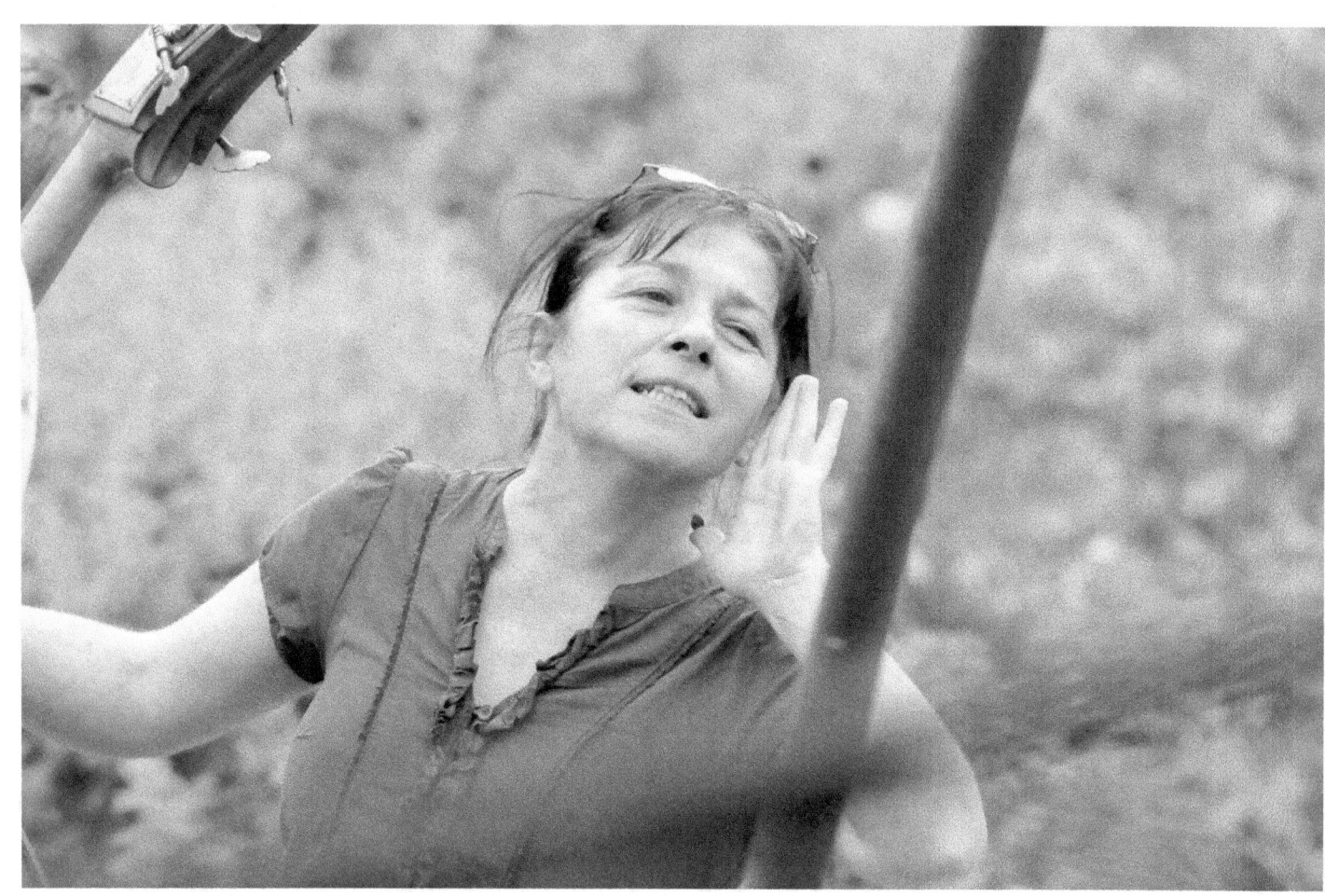

Mandolinenorchester, 2014

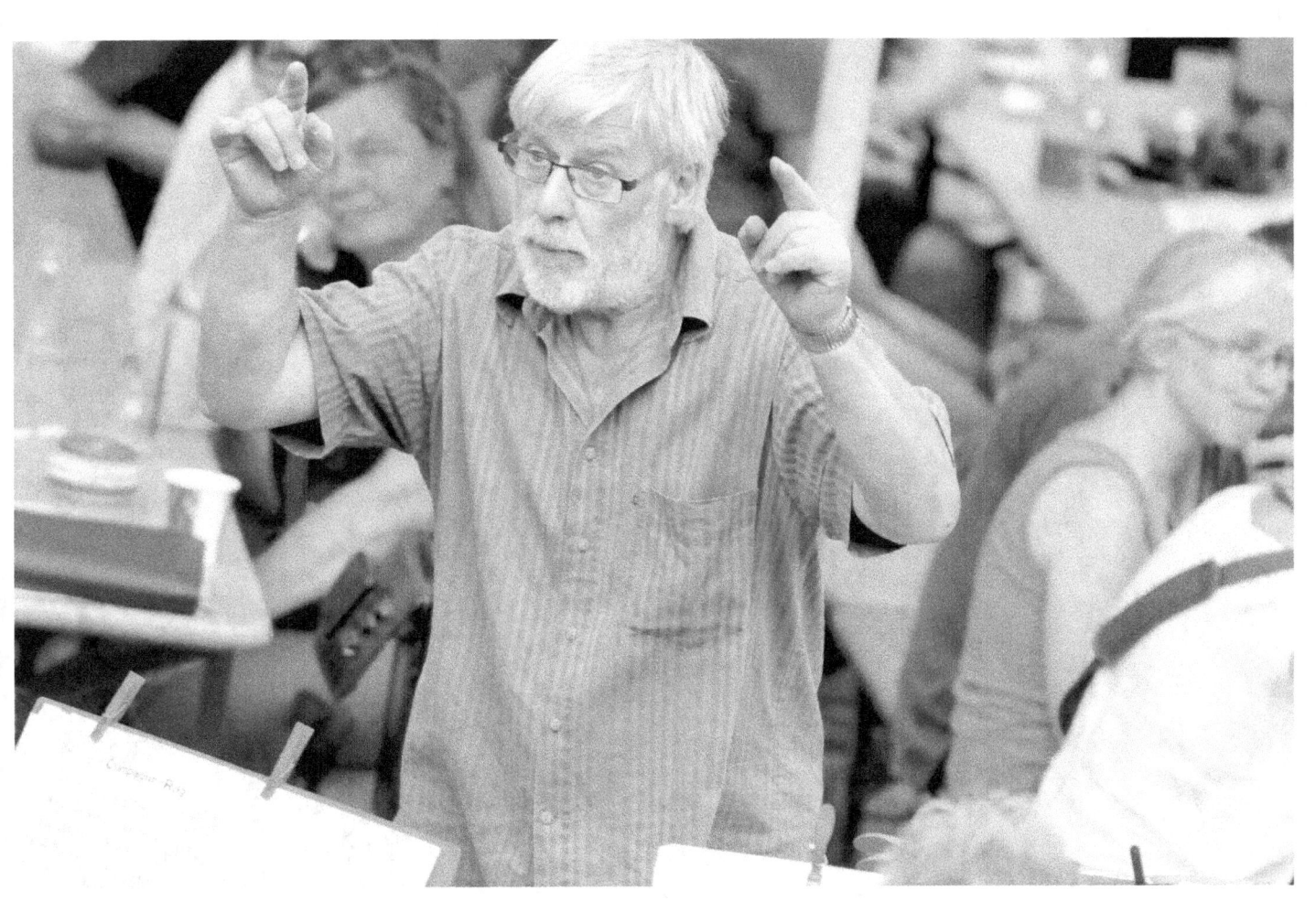

Mandolinenorchester, 2014

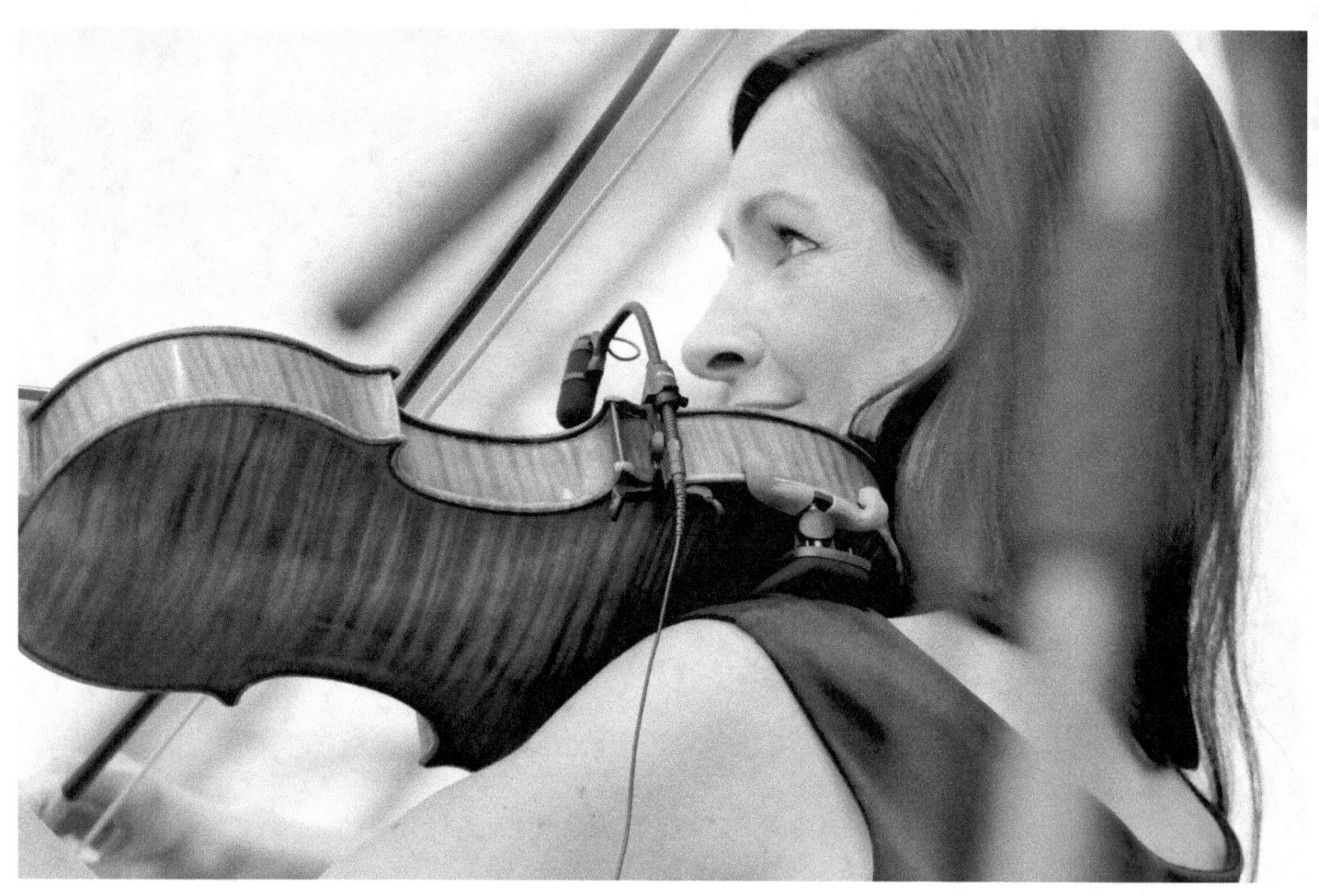

Residenzschloss Heidecksburg, große Bühne - Gastspiel bei Keimzeit, 2013

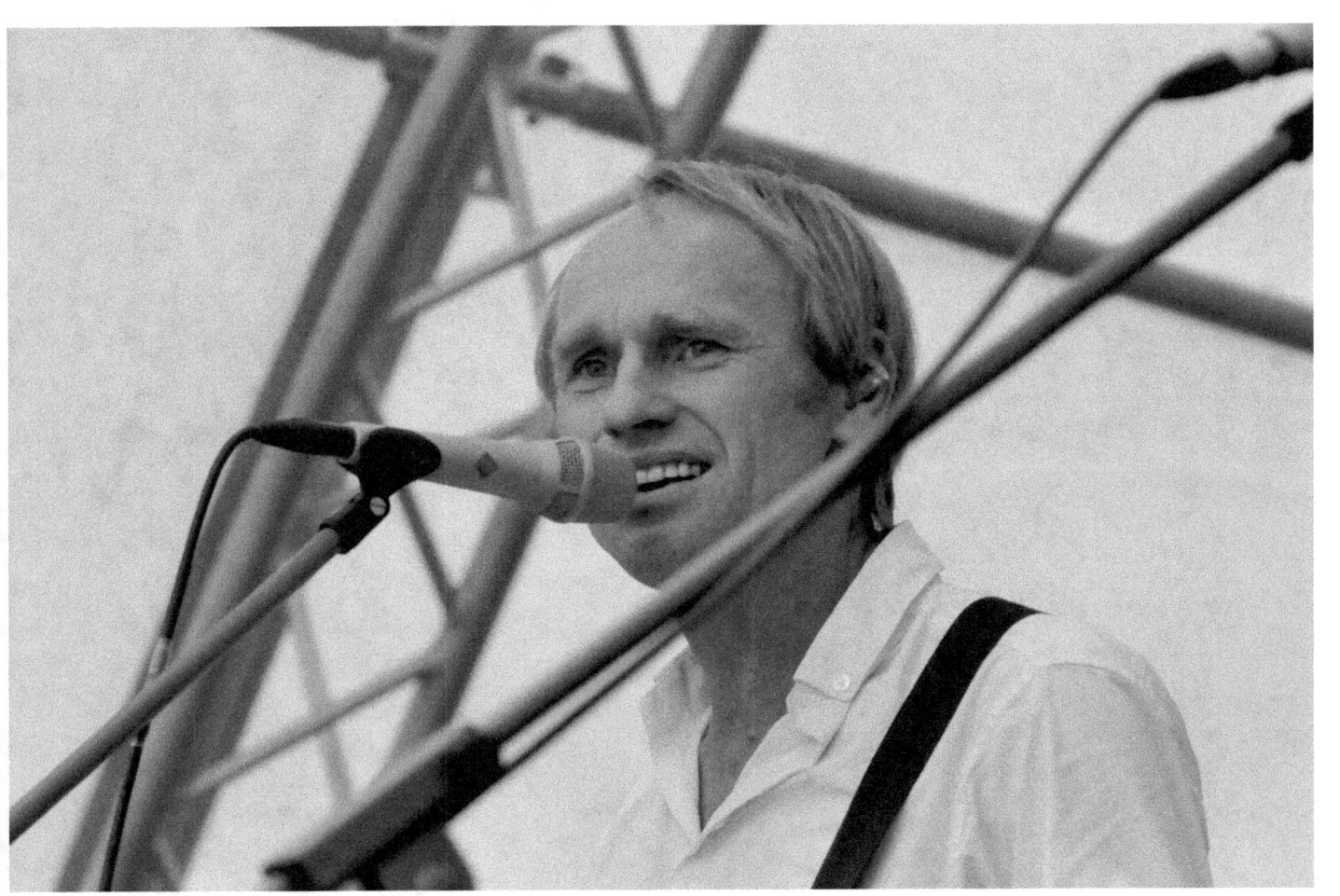

Norbert Leisegang - Keimzeit, 2013

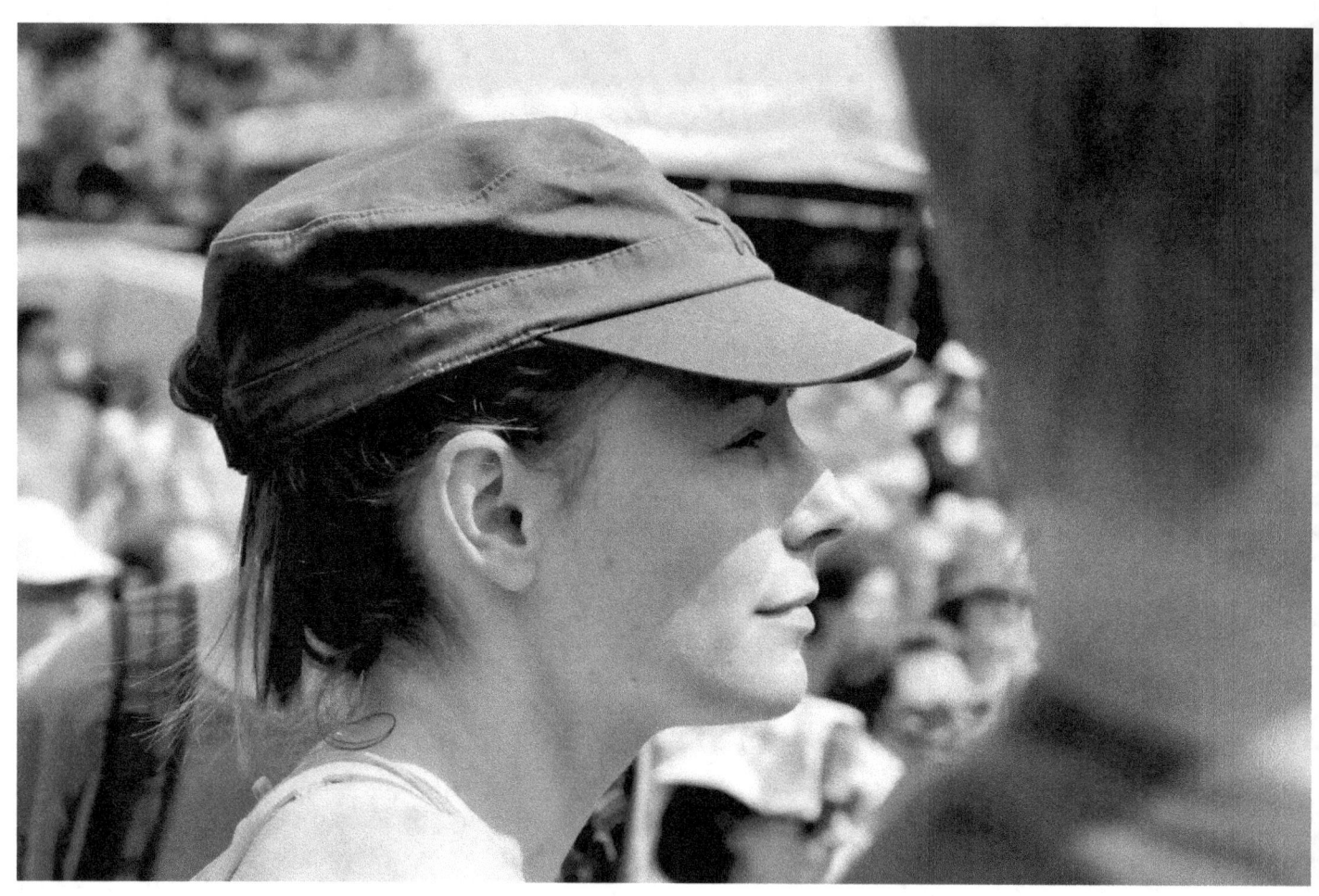

Residenzschloss Heidecksburg, große Bühne, 2013

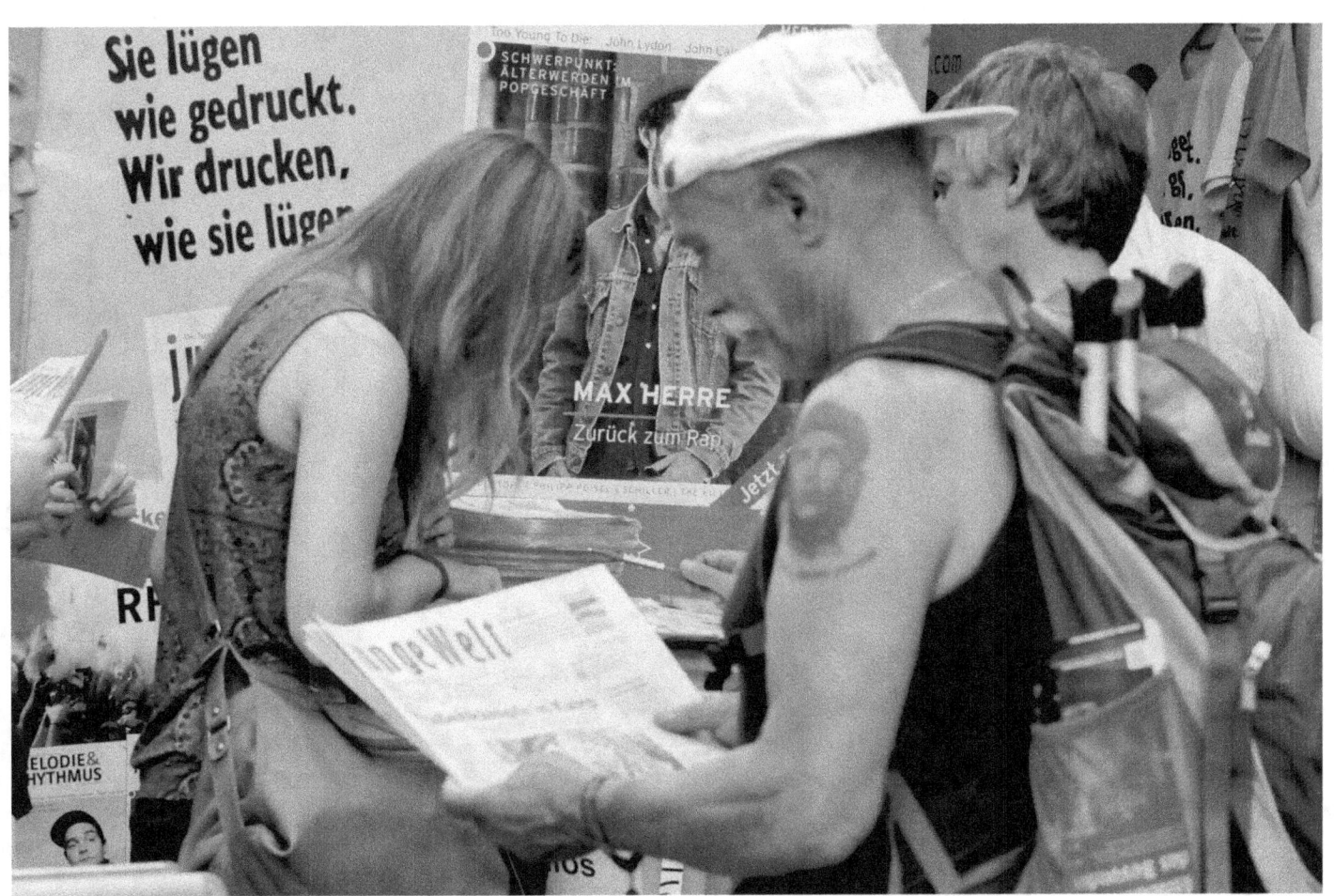

Mangelgasse, 2013

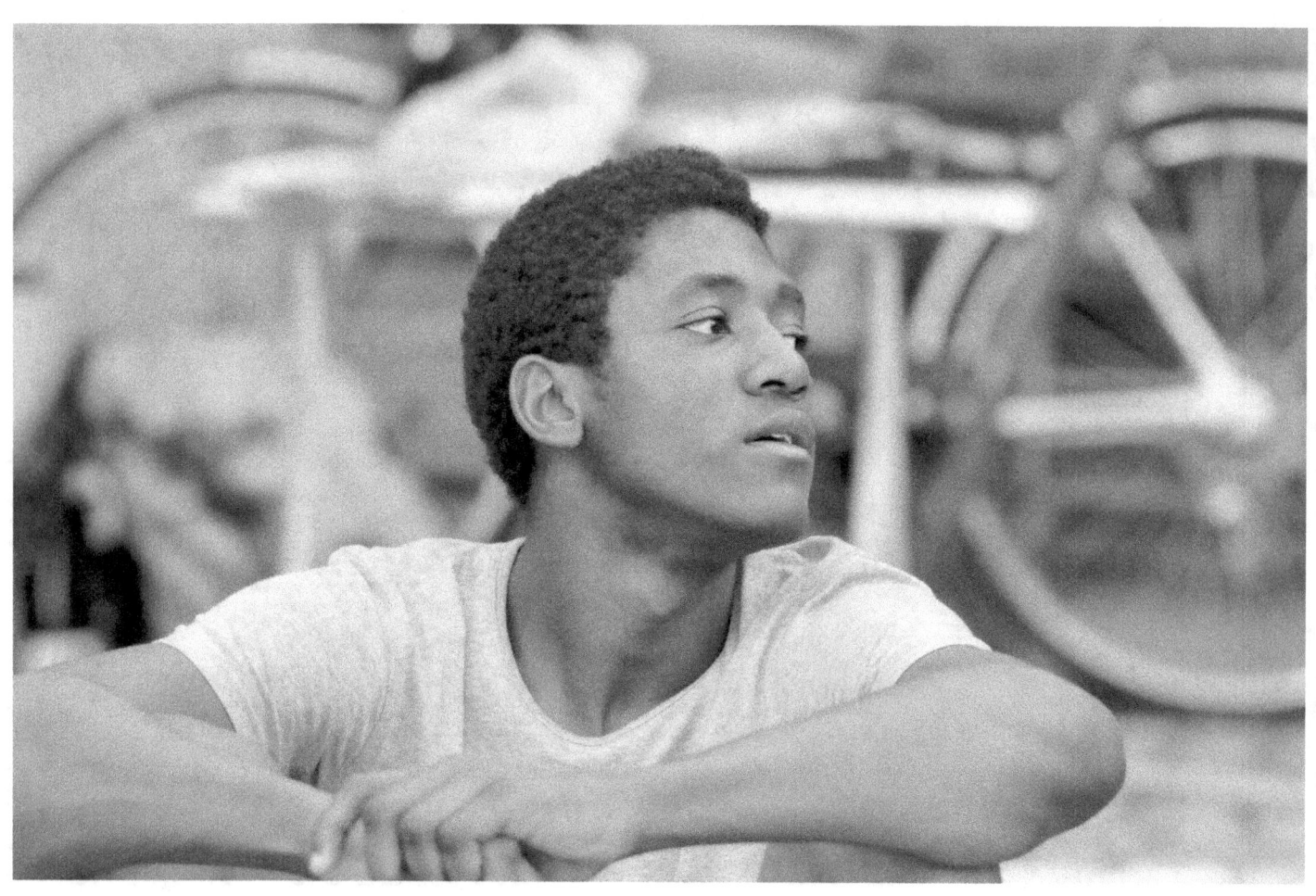

Straßenszene am Neumarkt, 2013

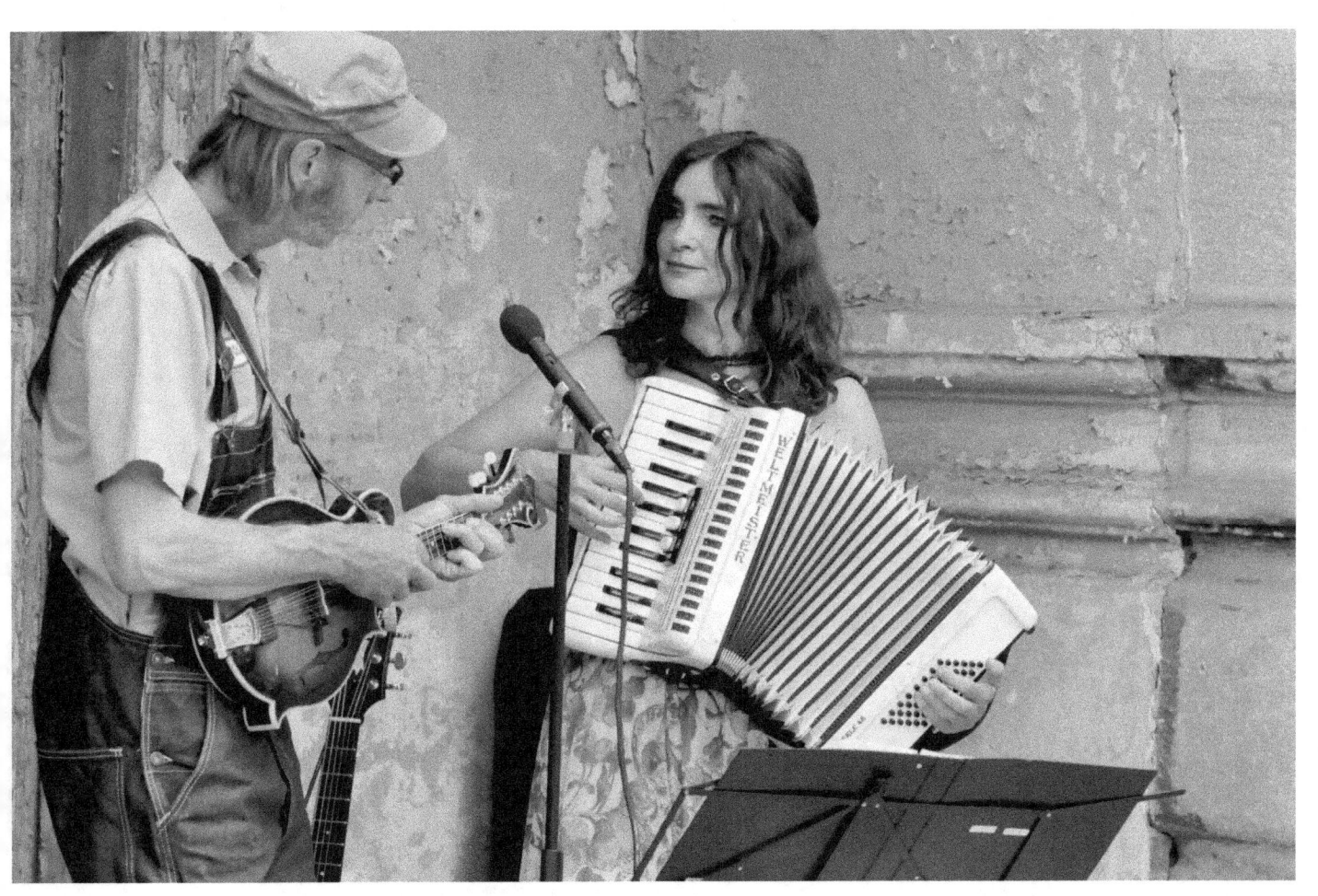

Straßenszene am Neumarkt, 2013

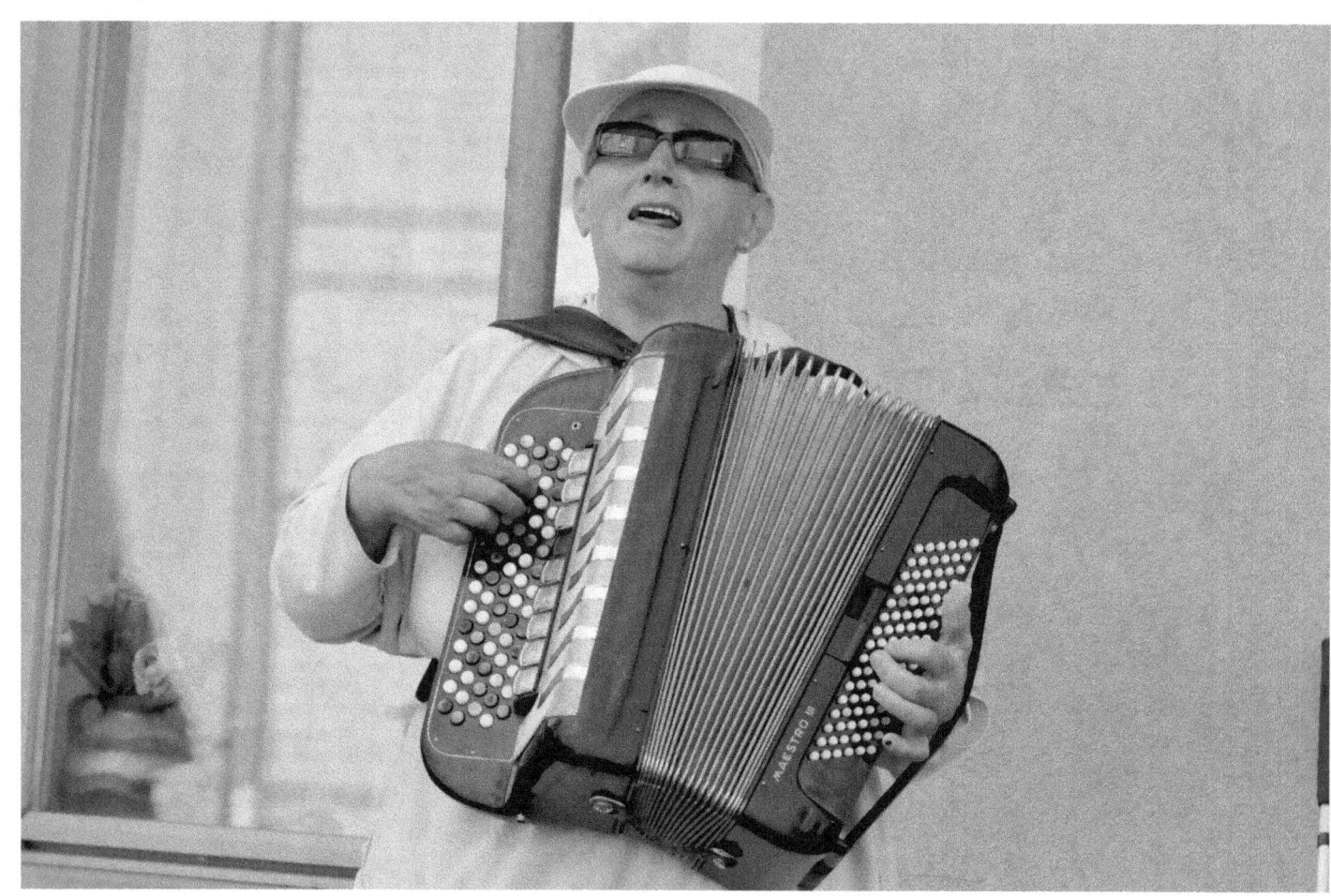

Uta Pilling, 2013

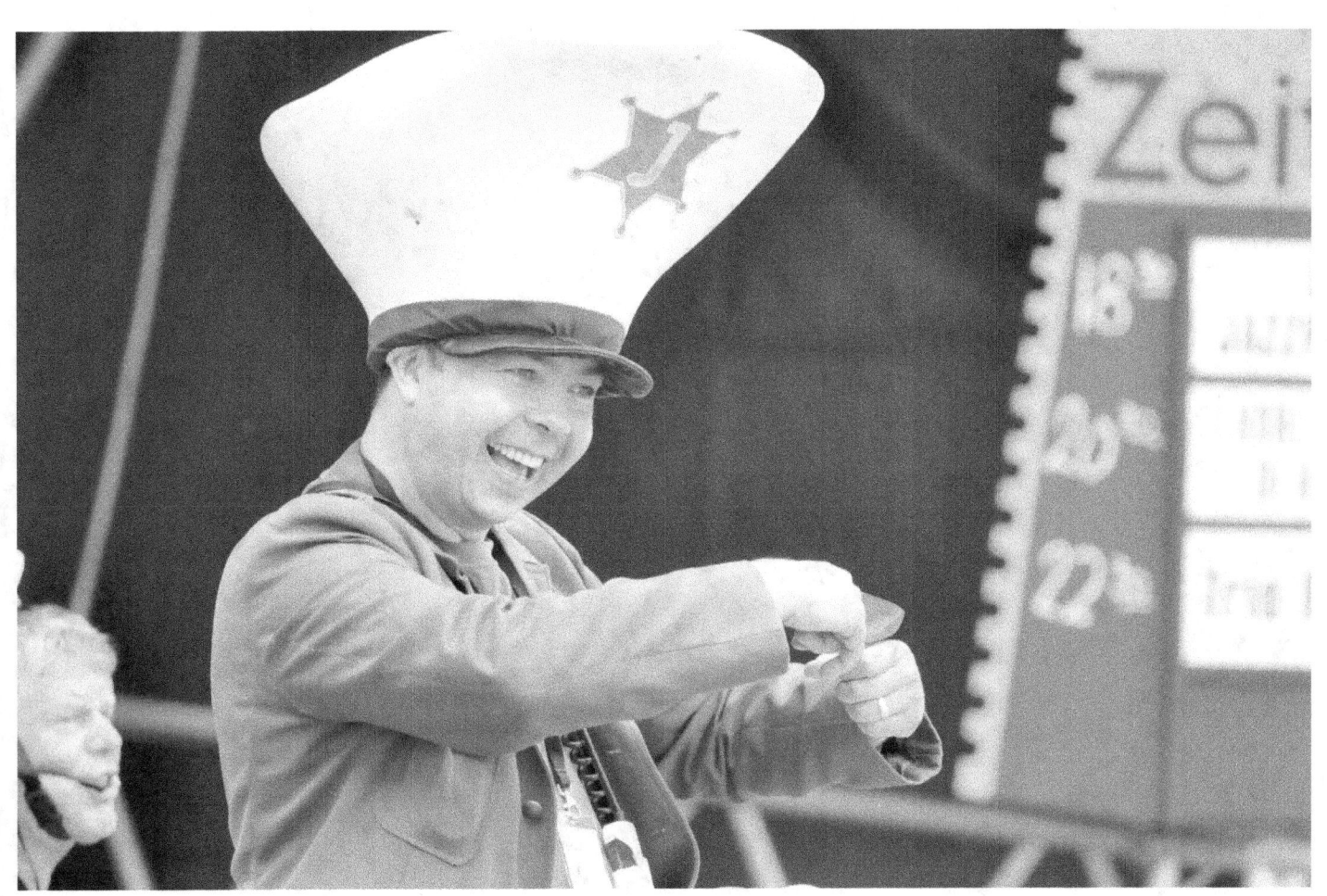

Jazzpolizei, 2013

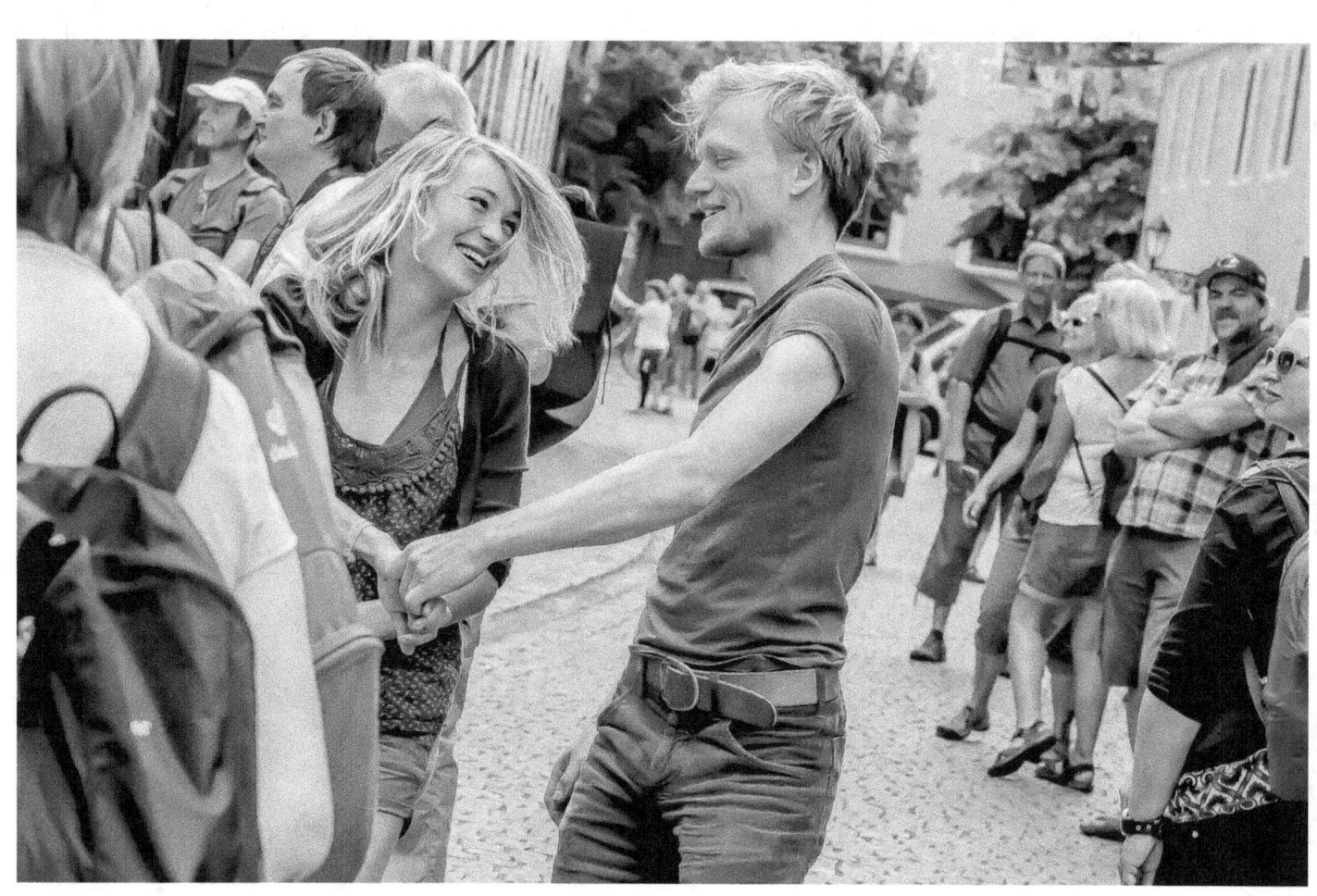

Straßenszene an der alten Schule, 2016

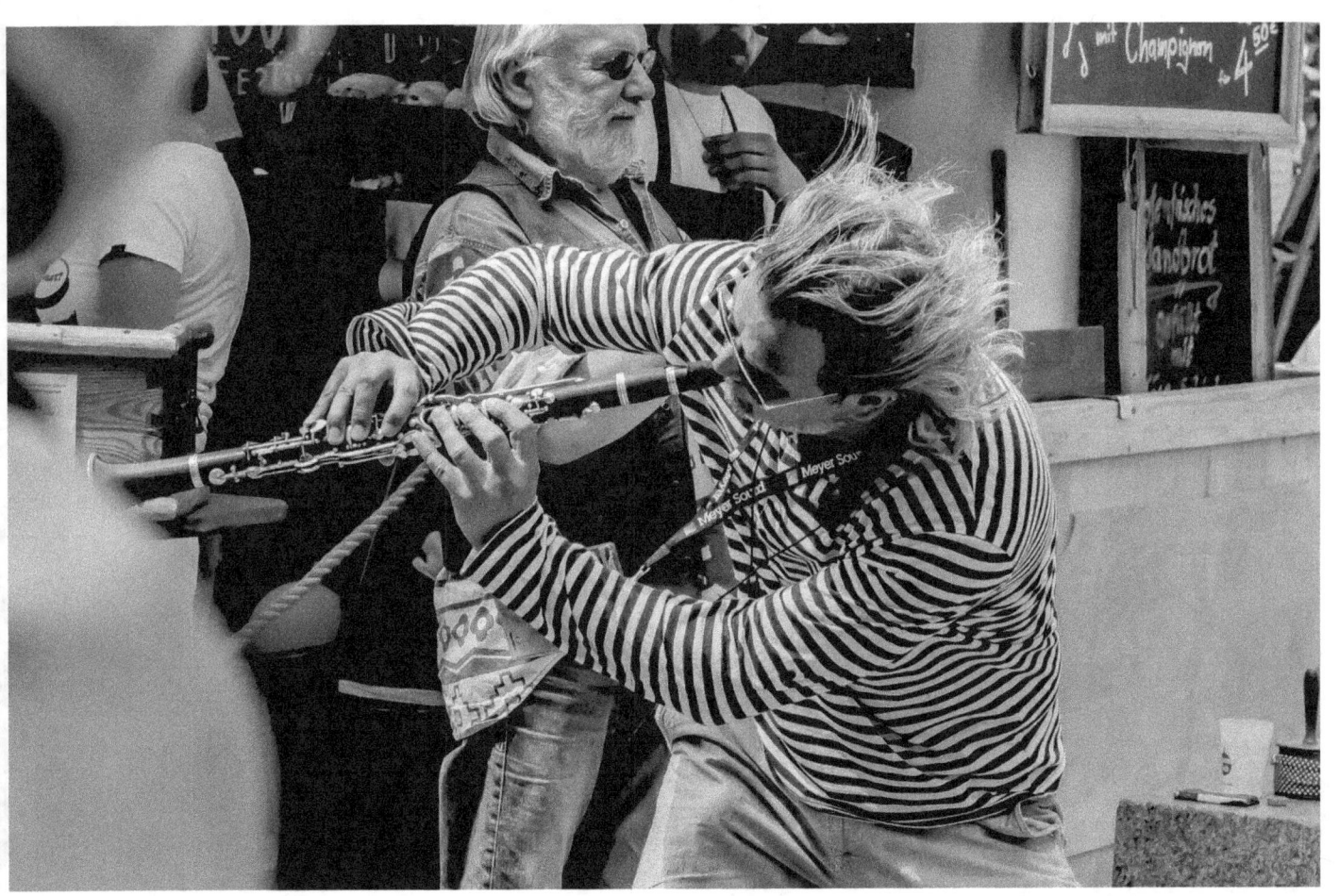

Voita Varma Surma, 2016

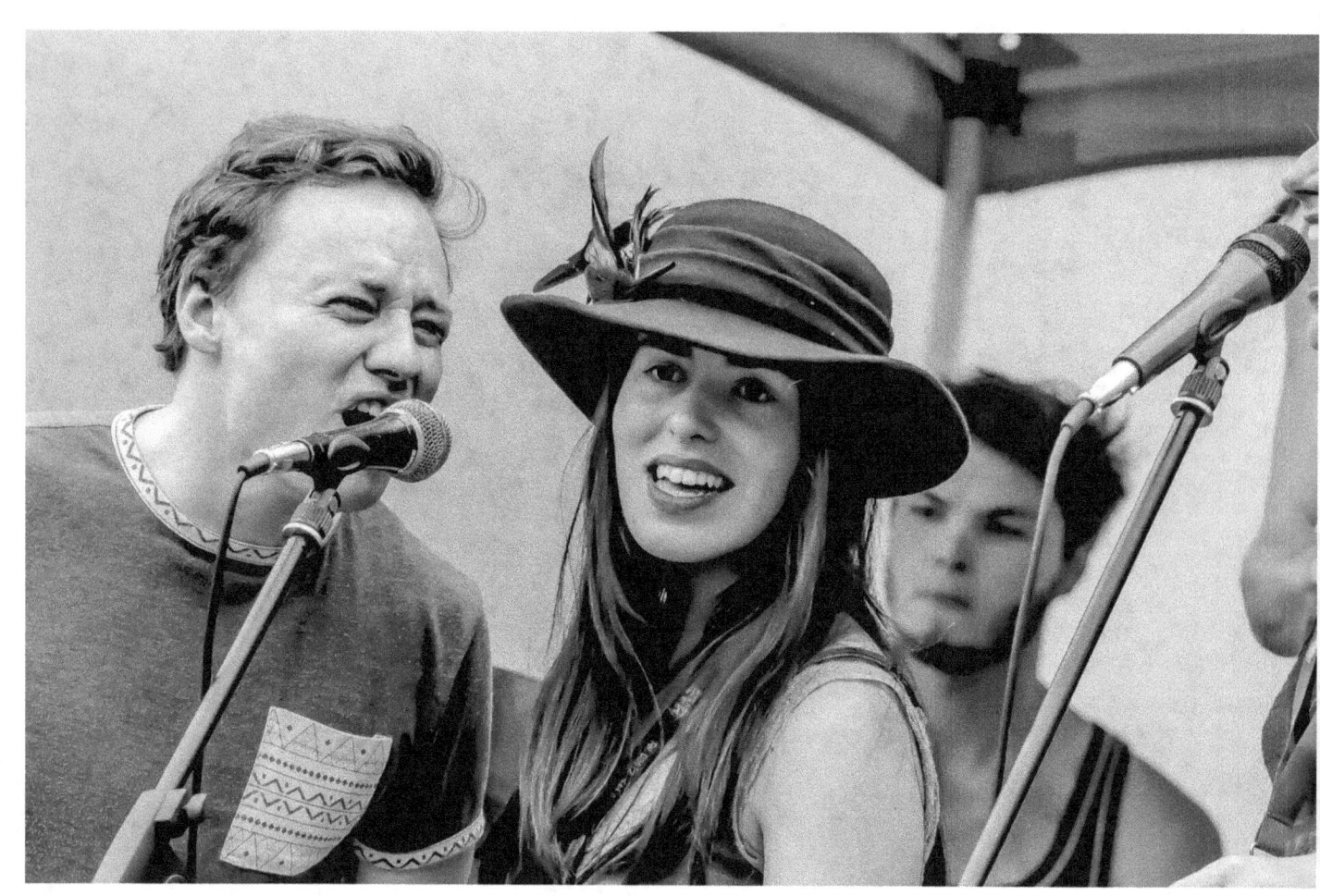

The Magic Mumble Jumble, 2016

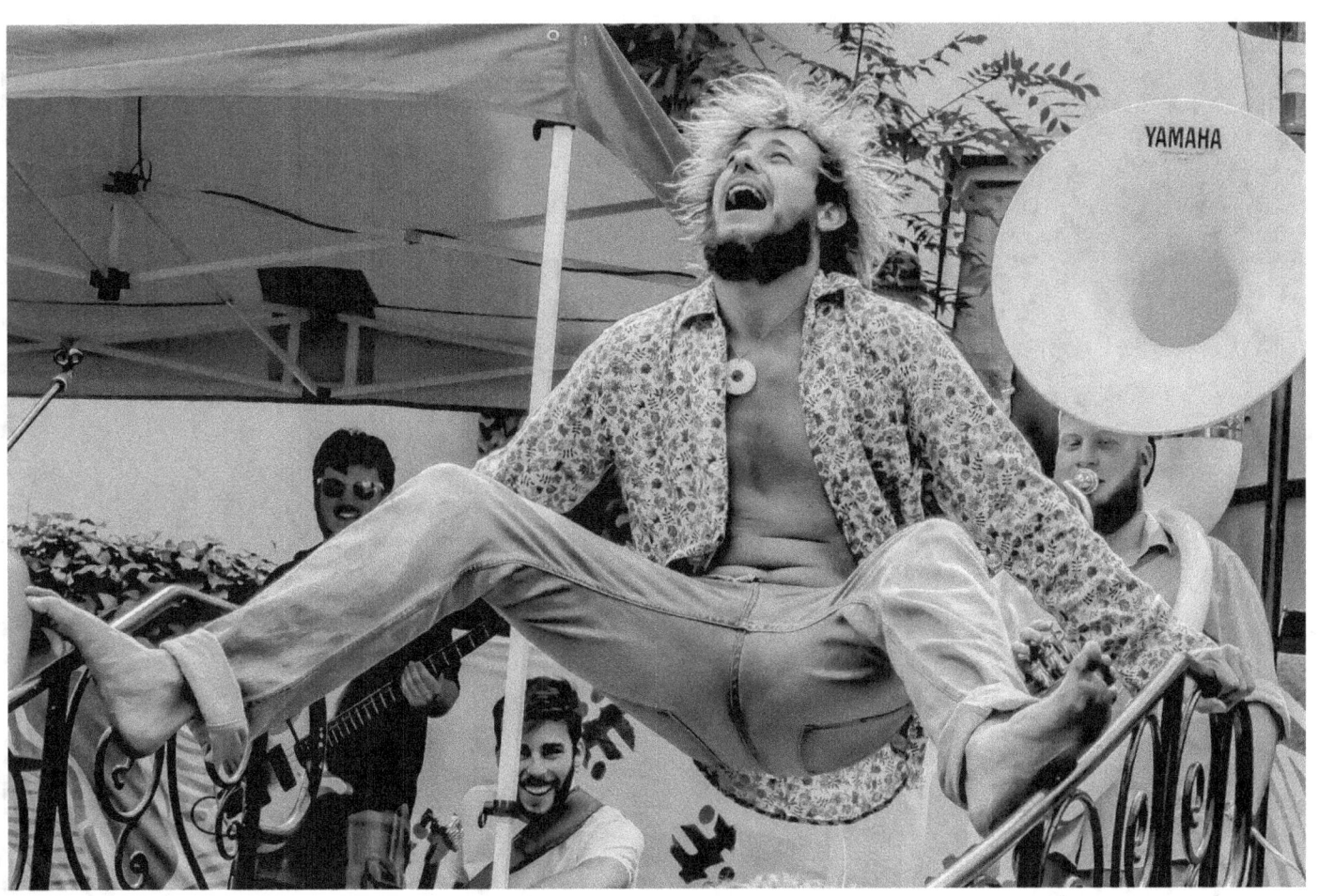

The Magic Mumble Jumble, 2016

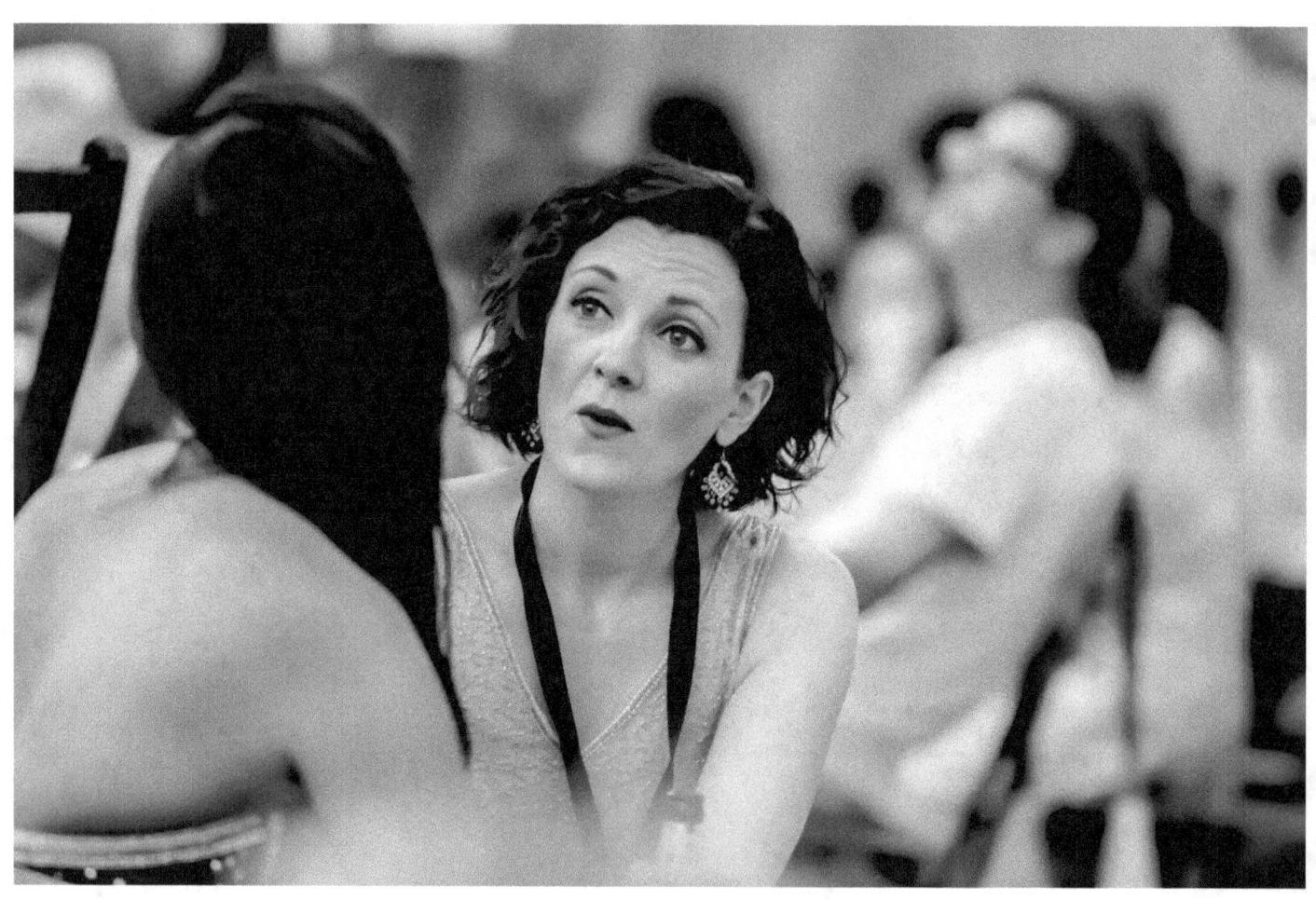

The Underscore Orkestra, 2015

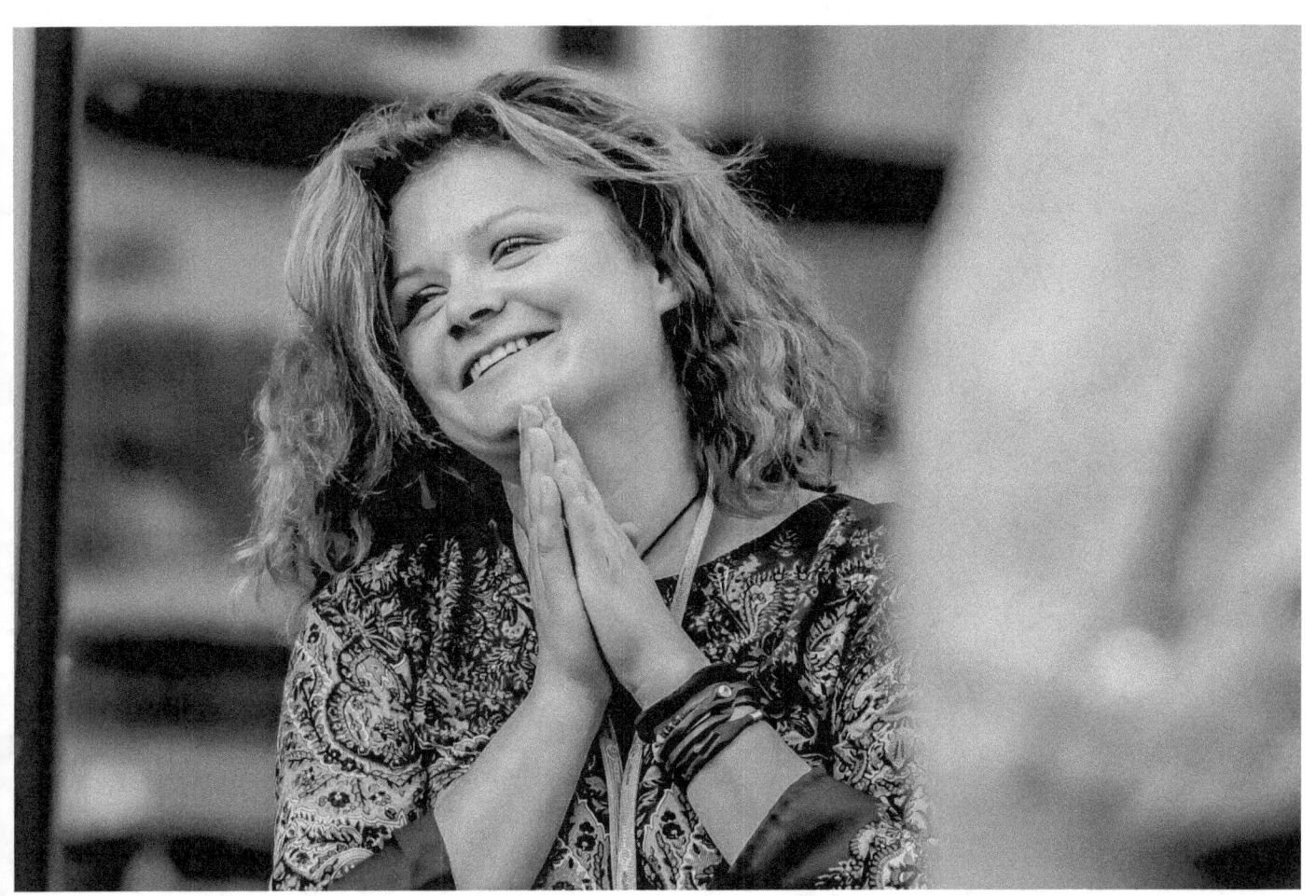

HURABAN, 2016

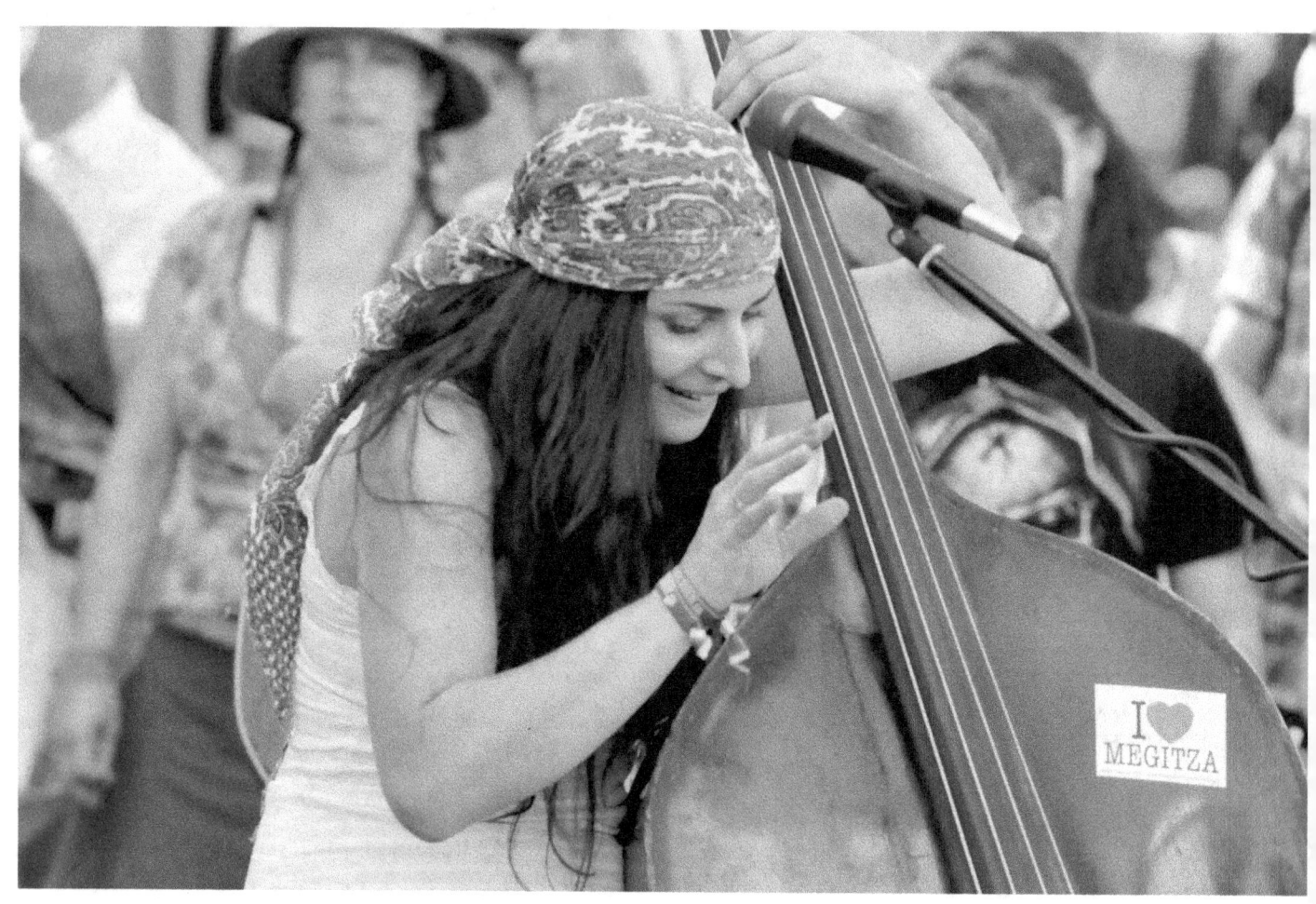

Straßenszene, 2013

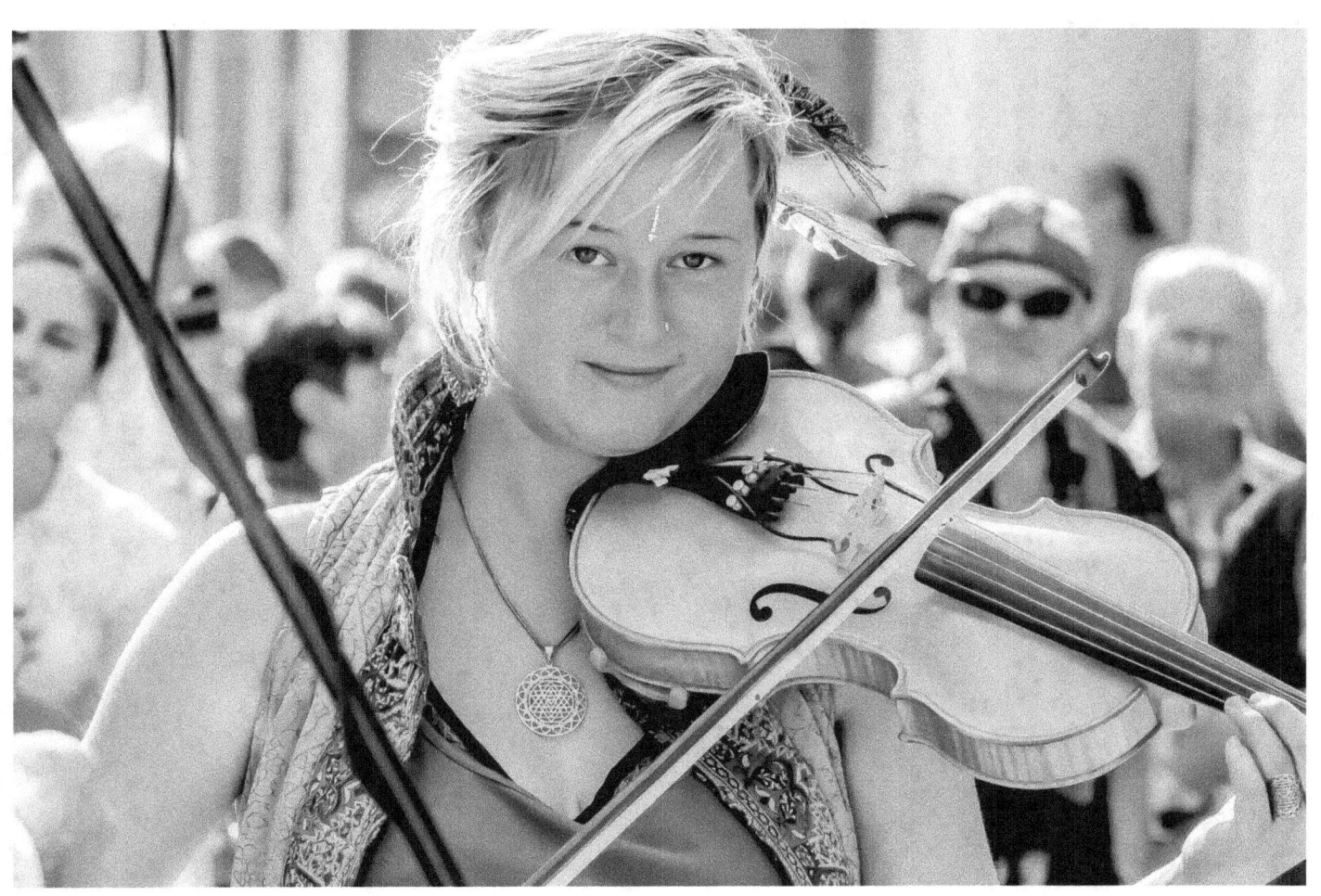

Chandani, 2016

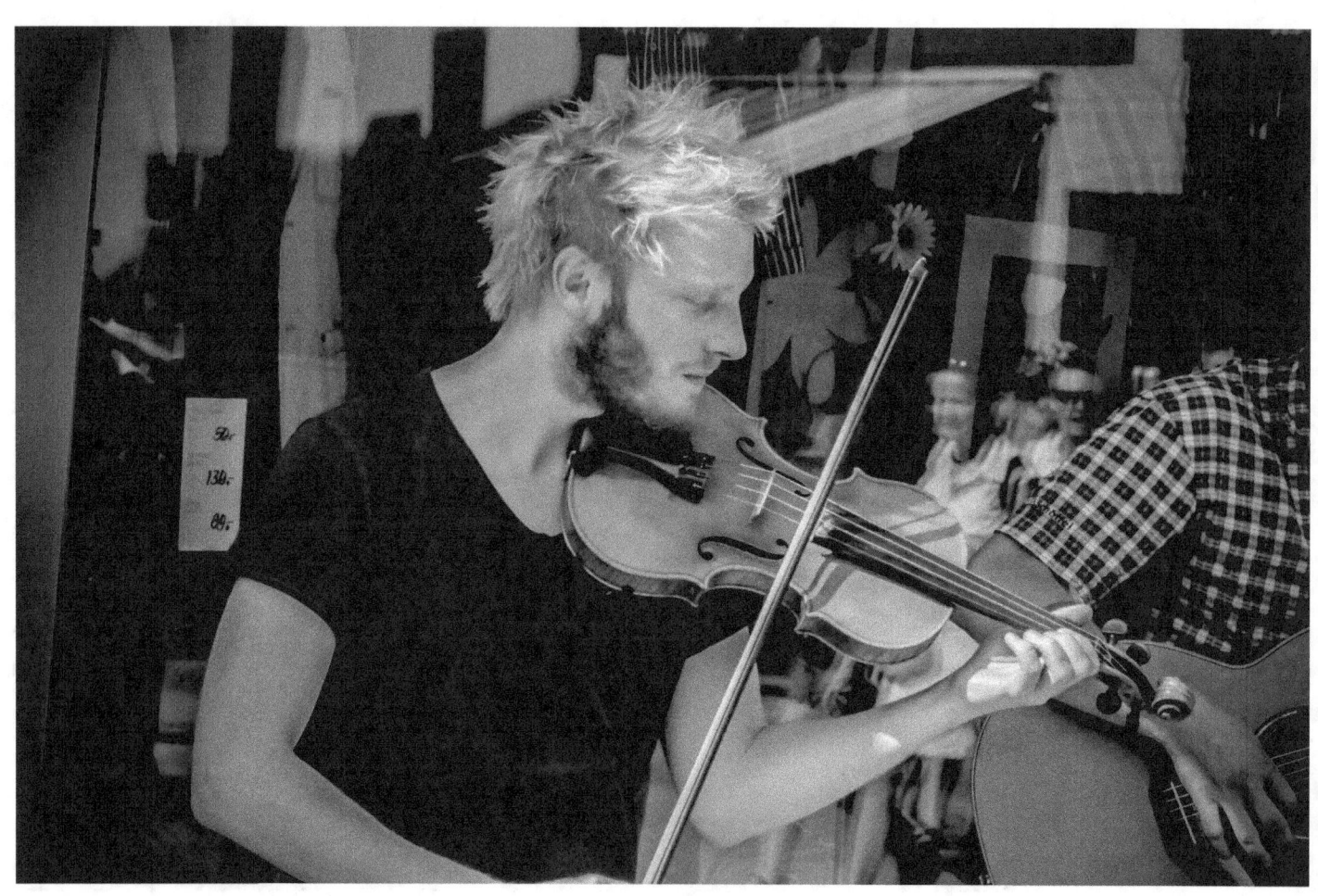

Crepes Sucette, 2015

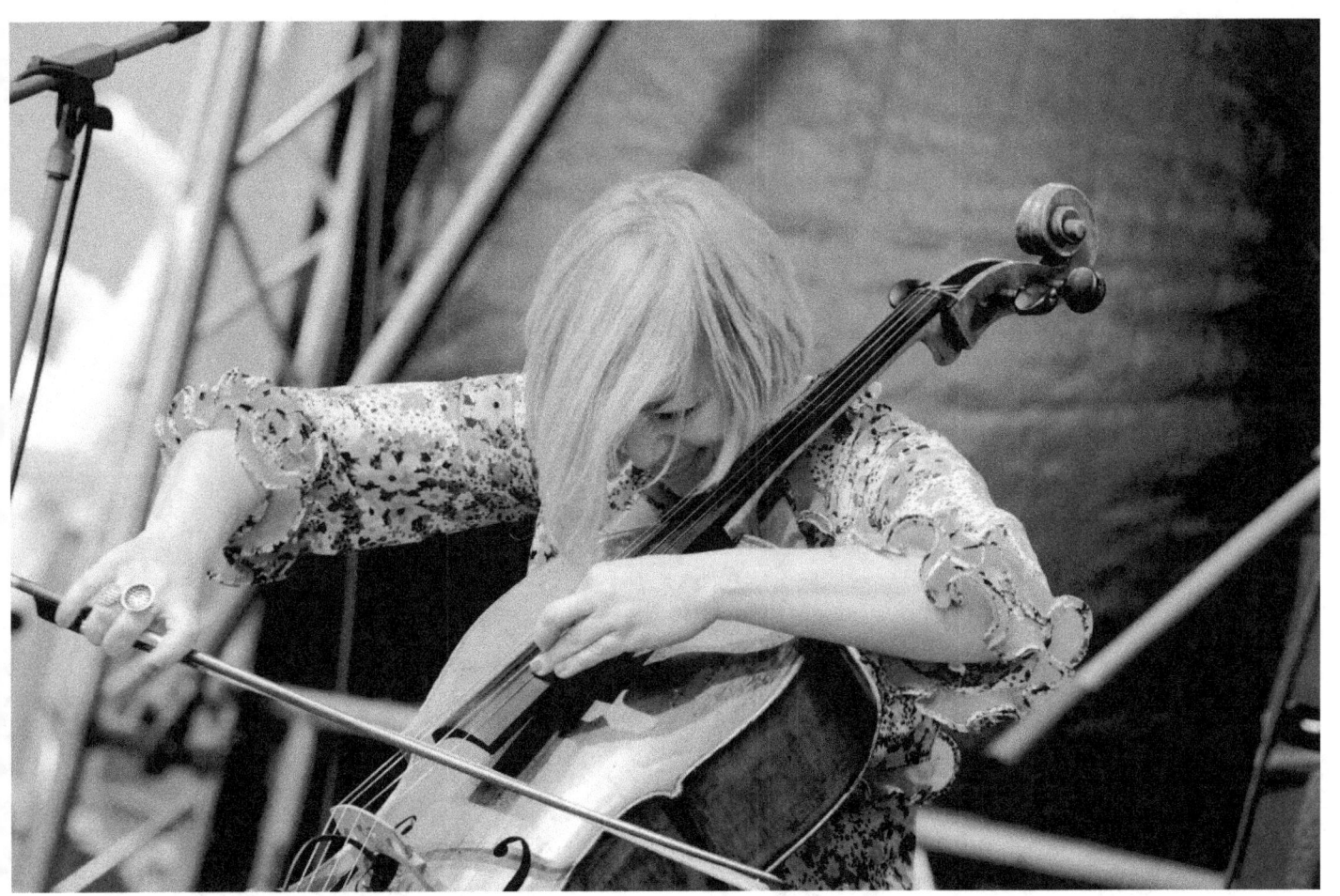

Catch-Pop String-Strong, 2014

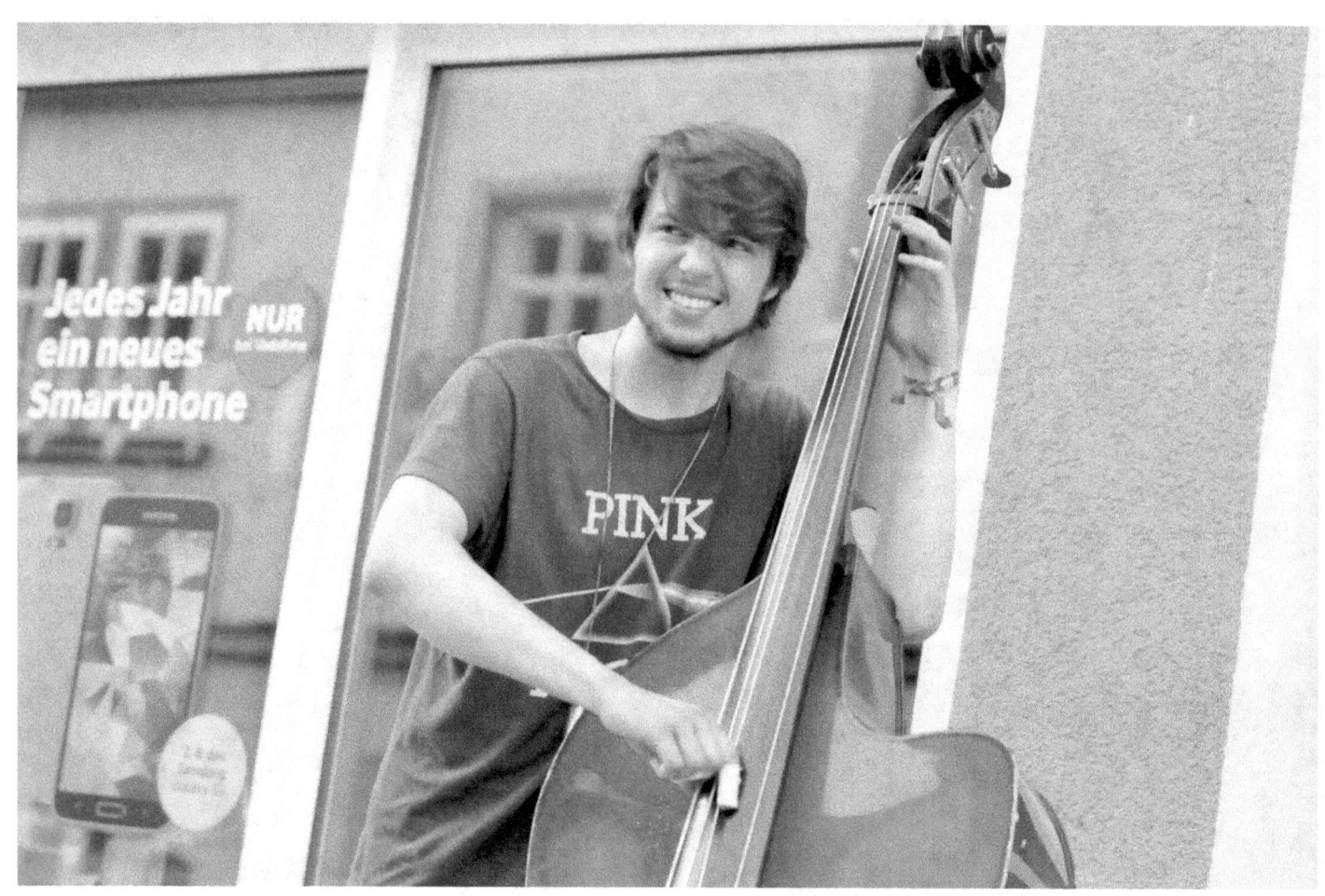

The Coins Band, 2014

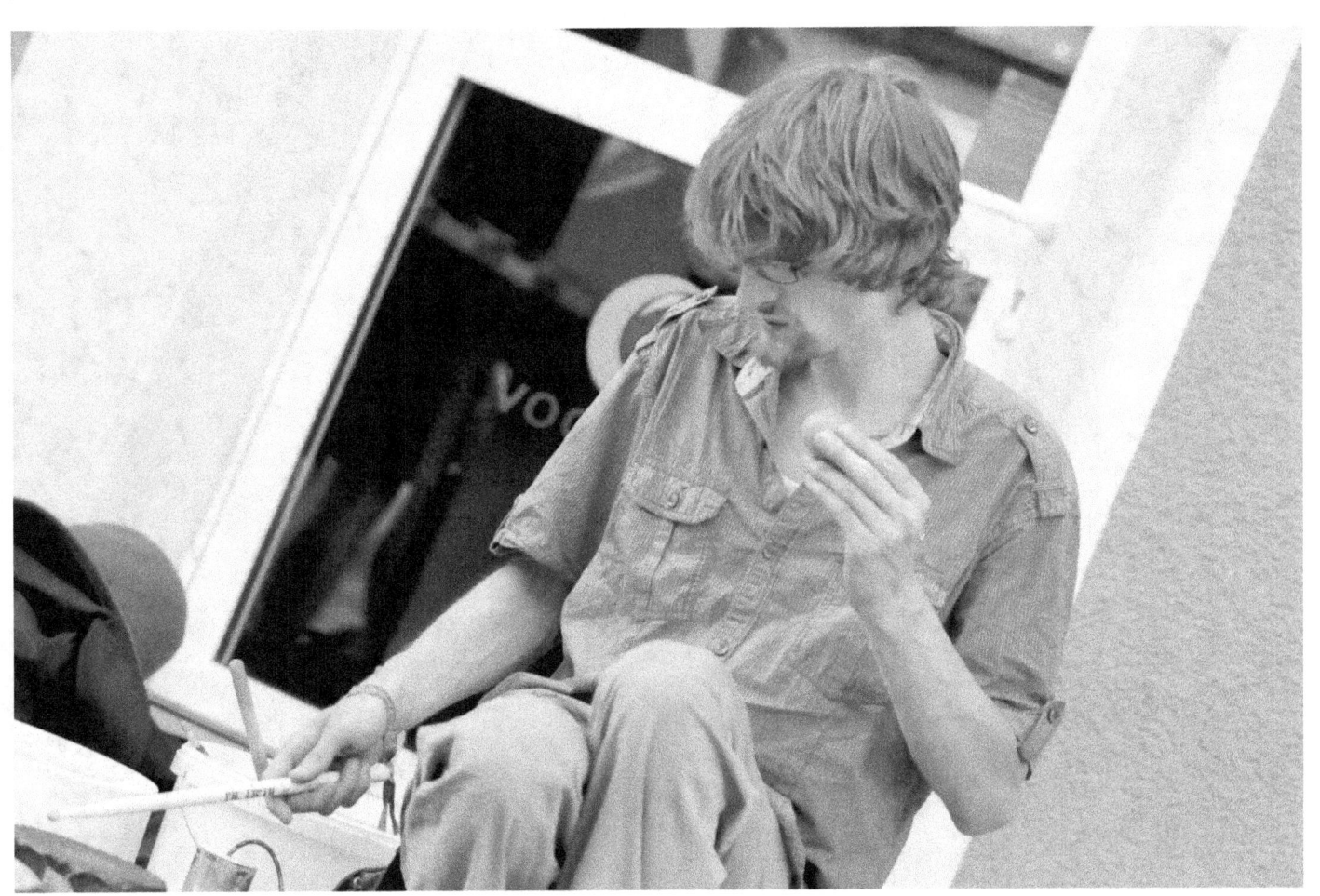

The Coins Band, 2014

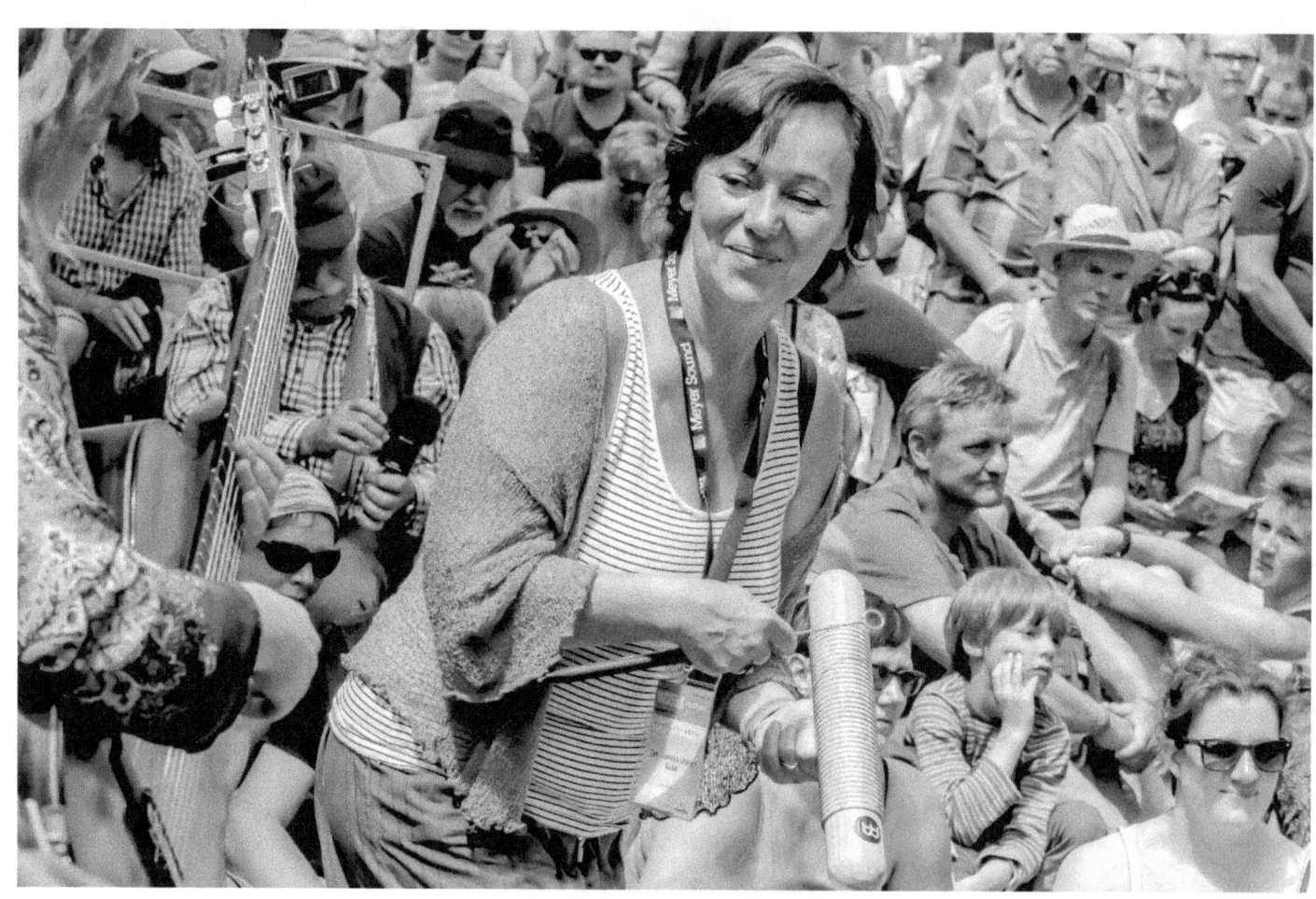

The Gomera Street Band, 2016

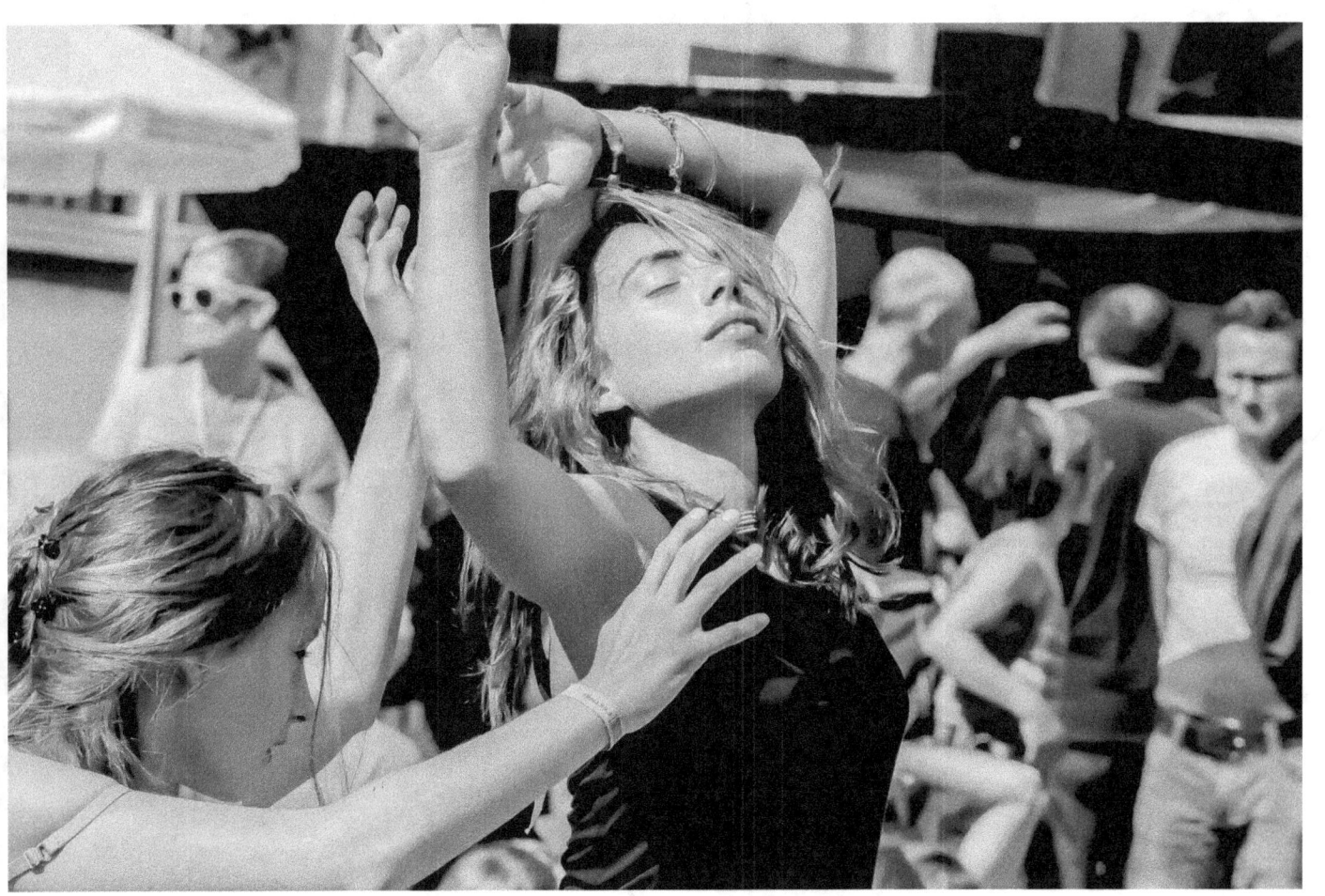

Tanzszene auf dem Marktplatz, 2016

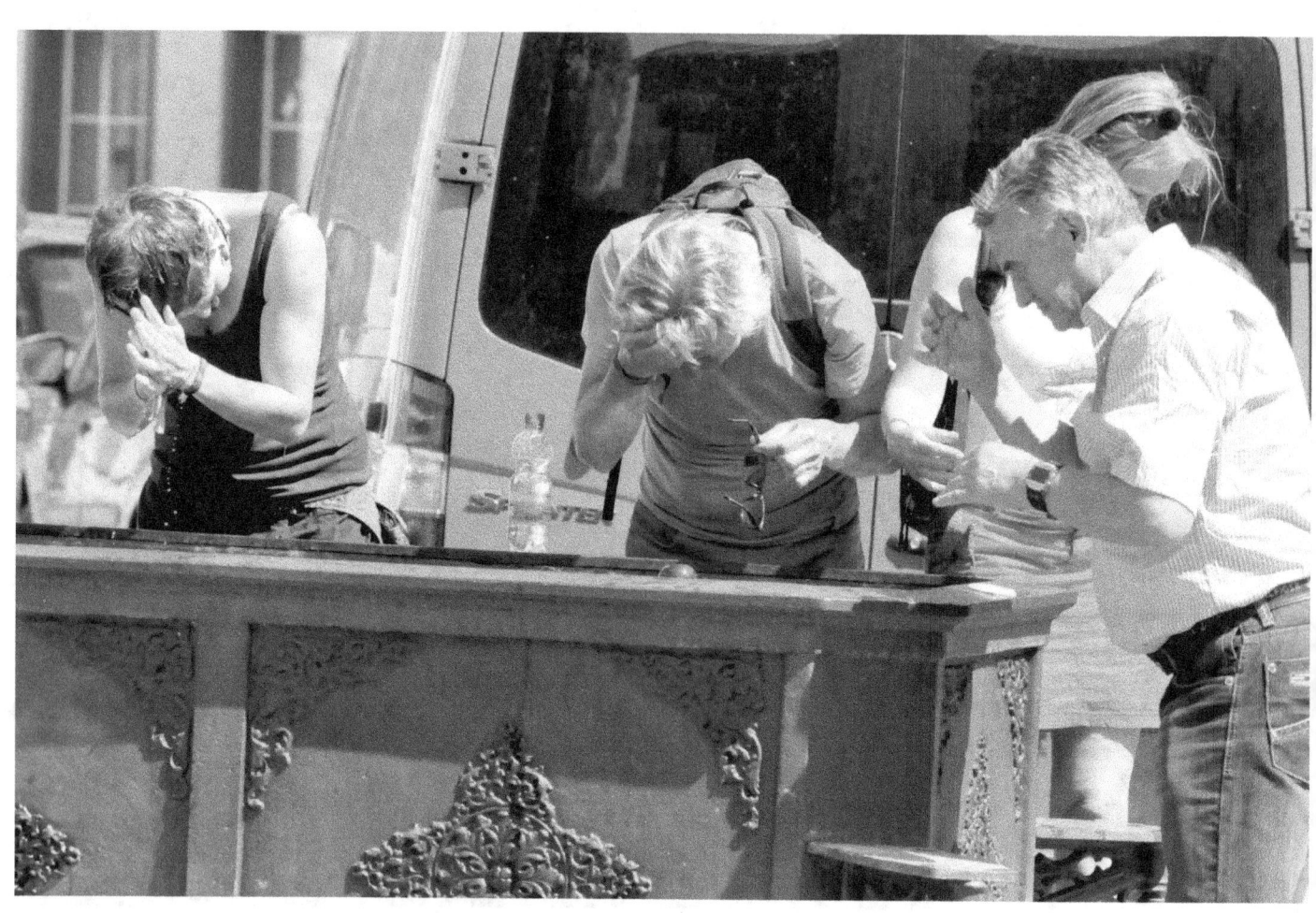

Straßenszene am Handwerkerhof, 2013

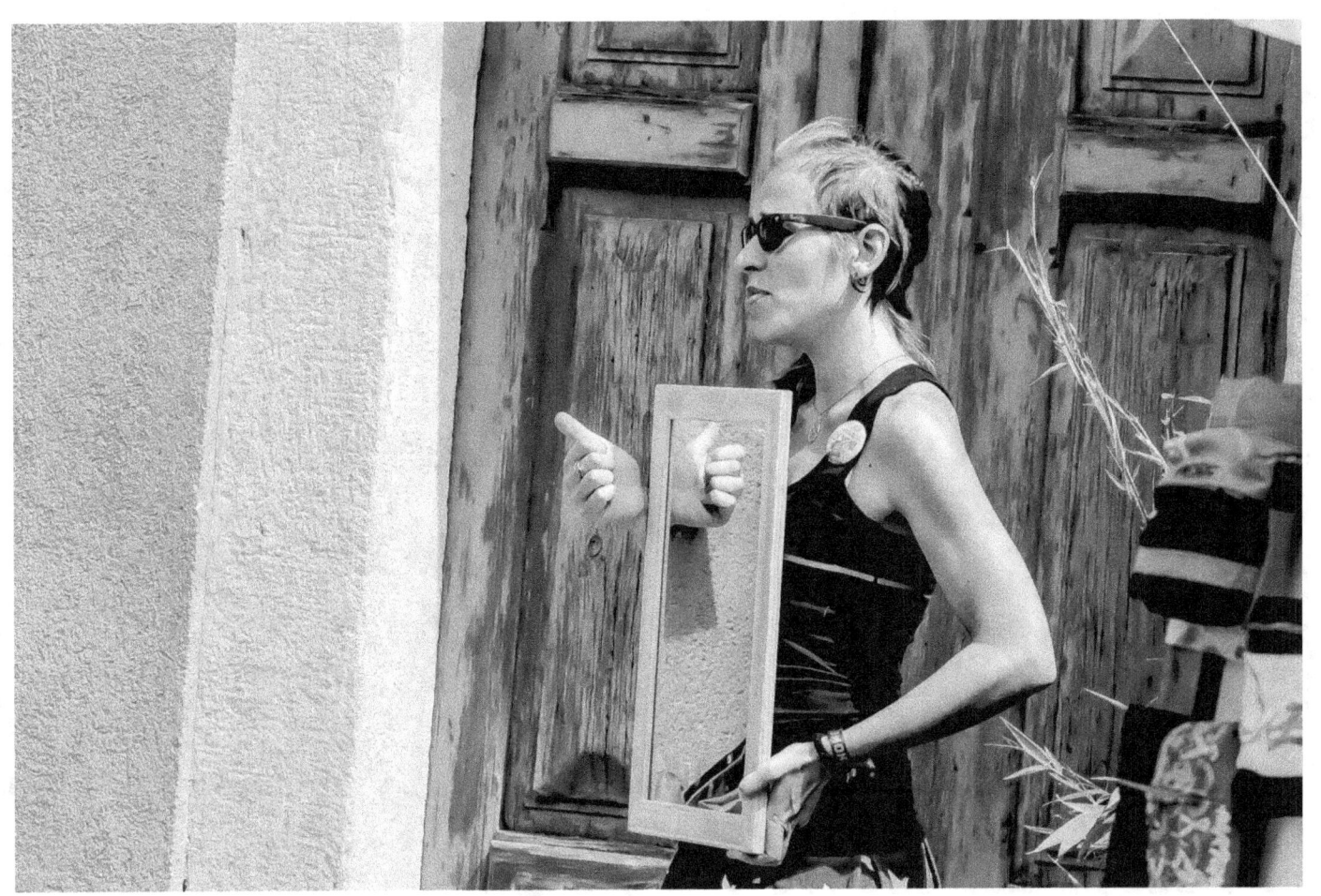

Marktstraße am Gericht, 2016

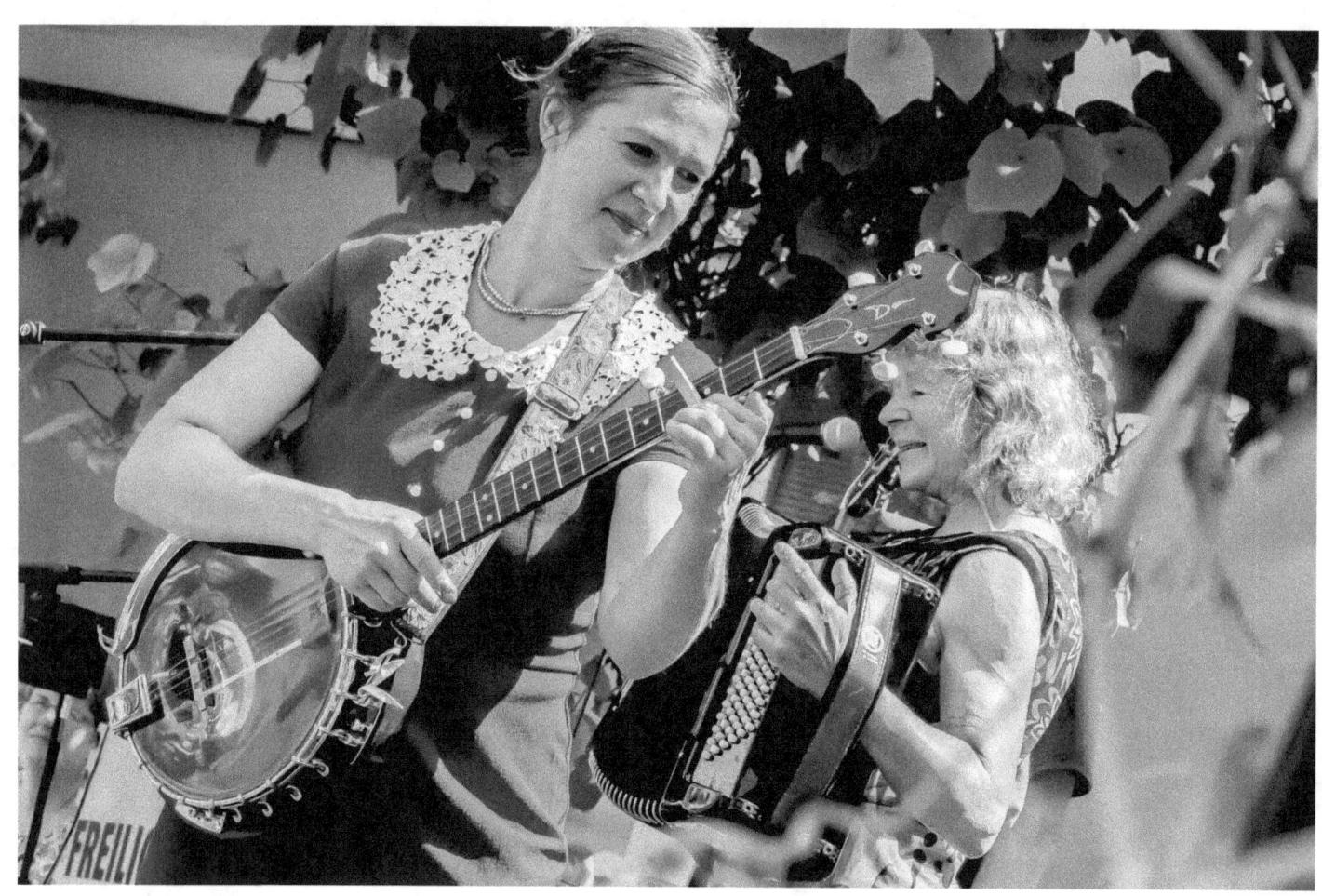

Inka and The Neighbors, 2016

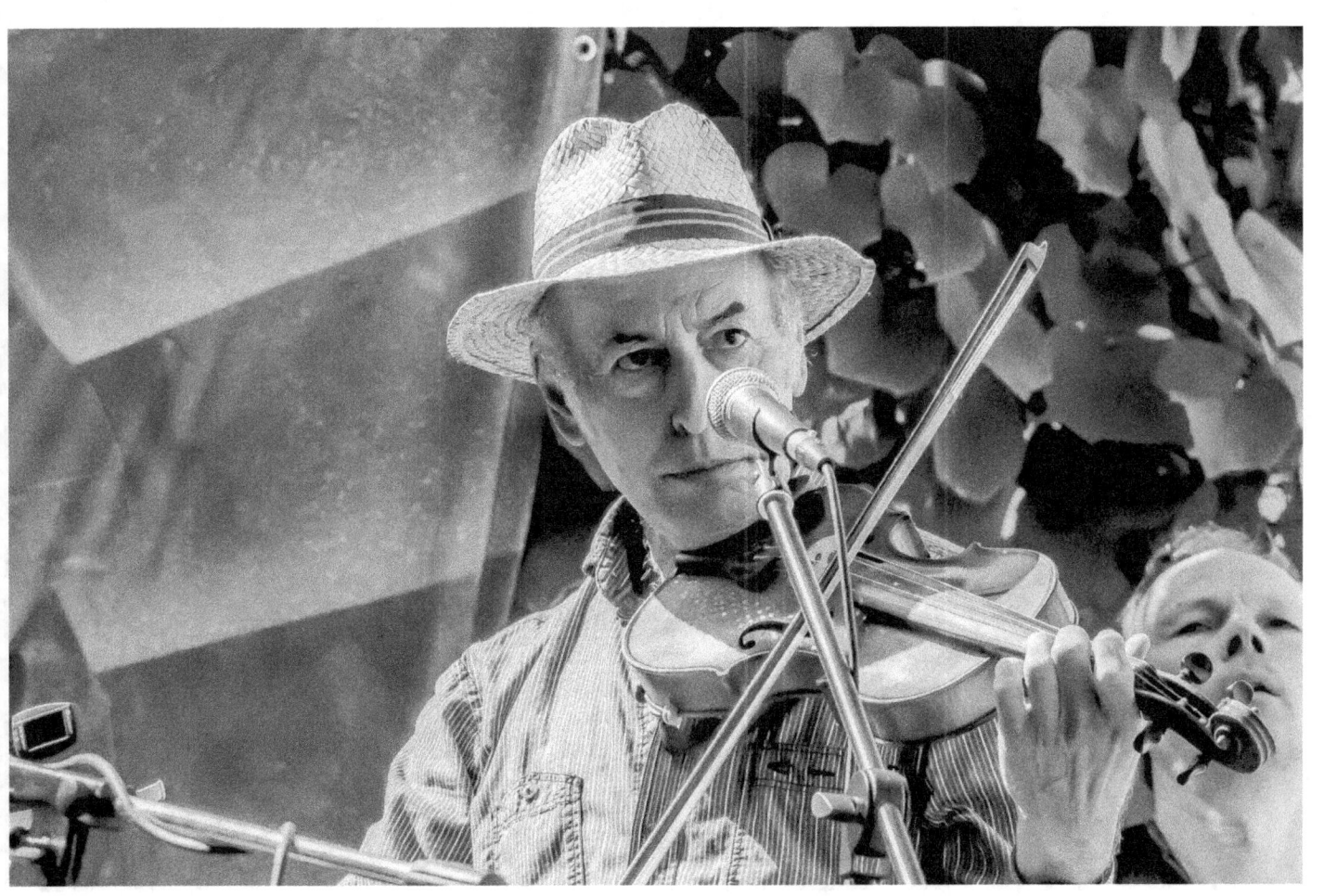

Inka and The Neighbors, 2016

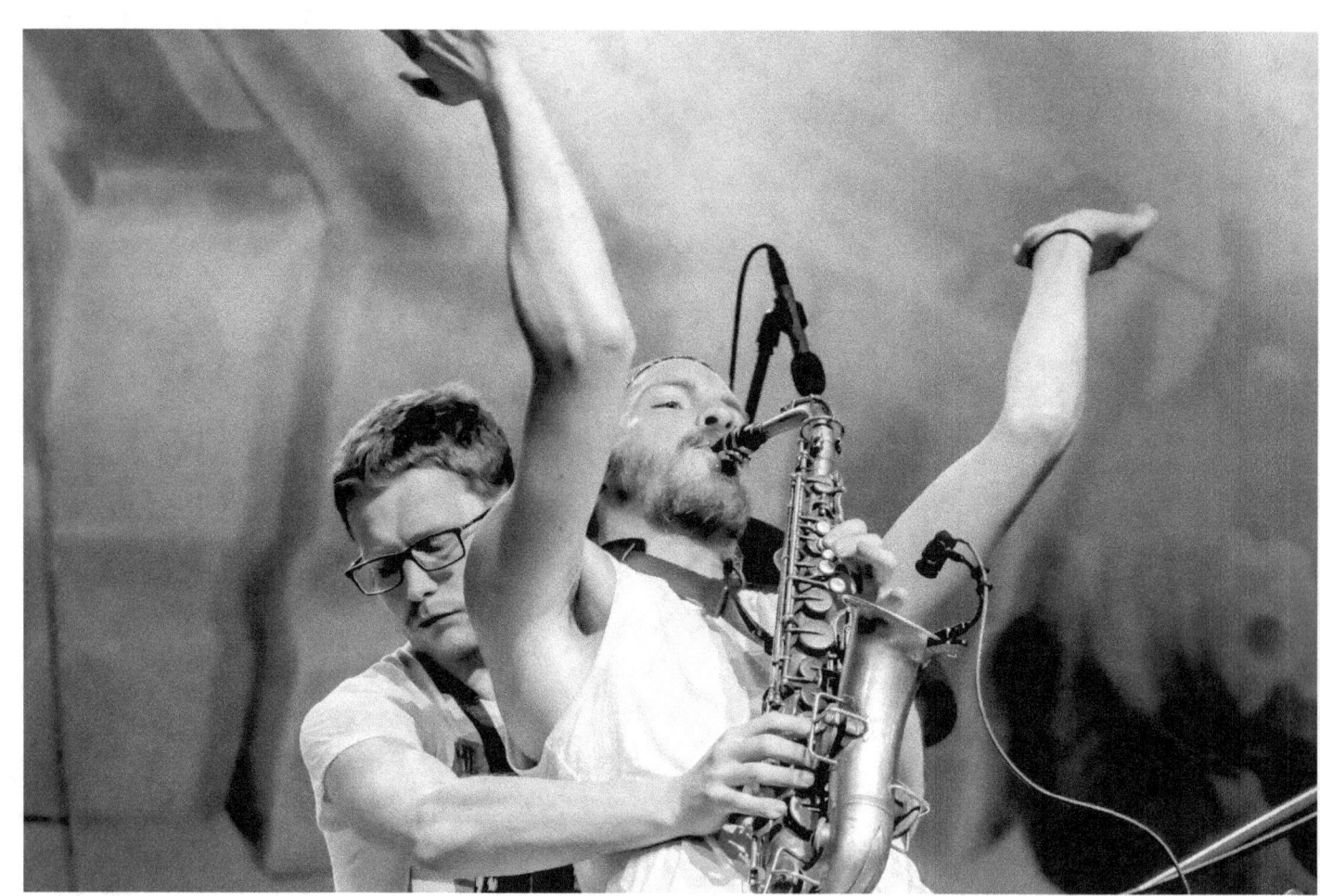

Volxtanz, 2016

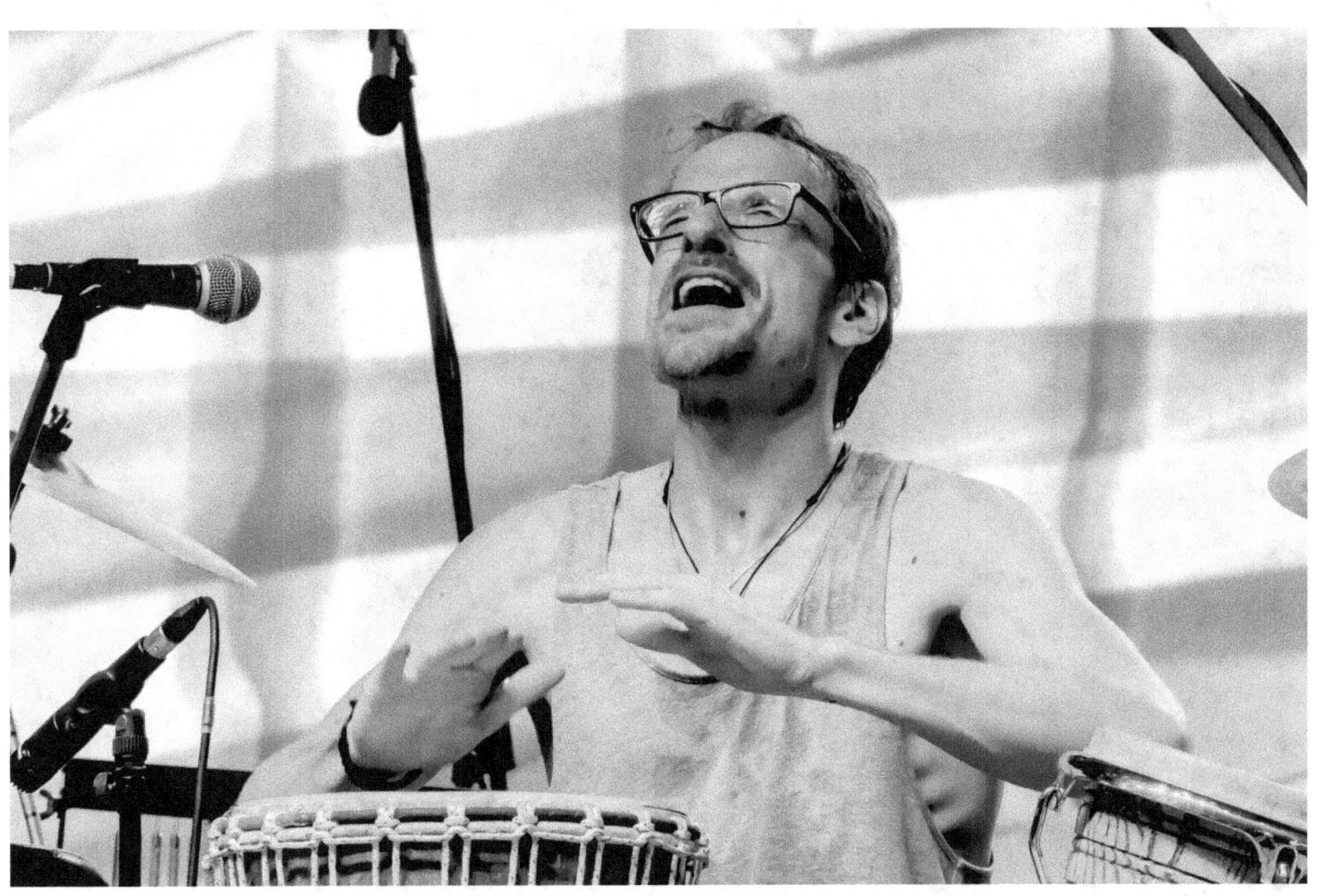

Volxtanz, 2016

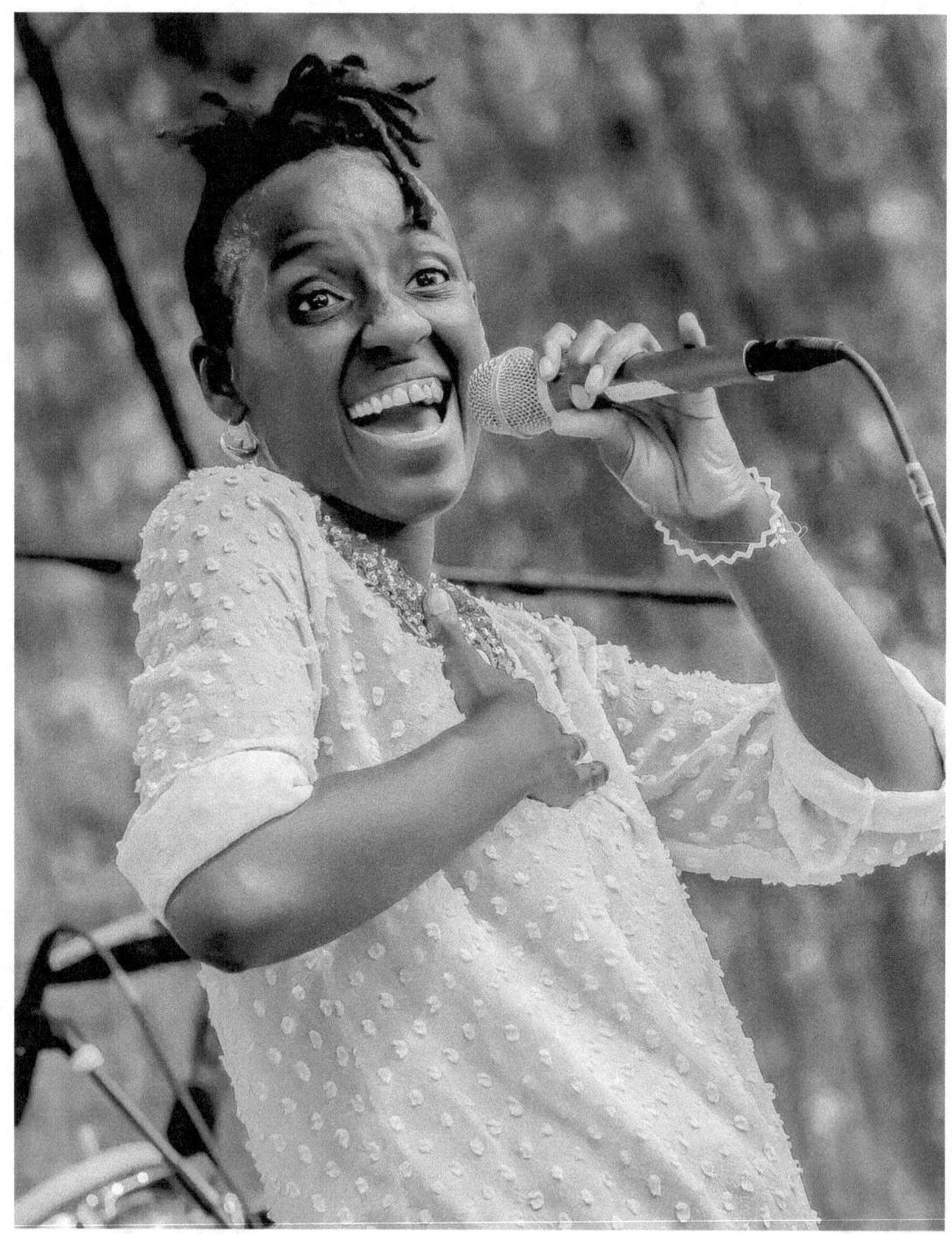

Gasandji, 2016

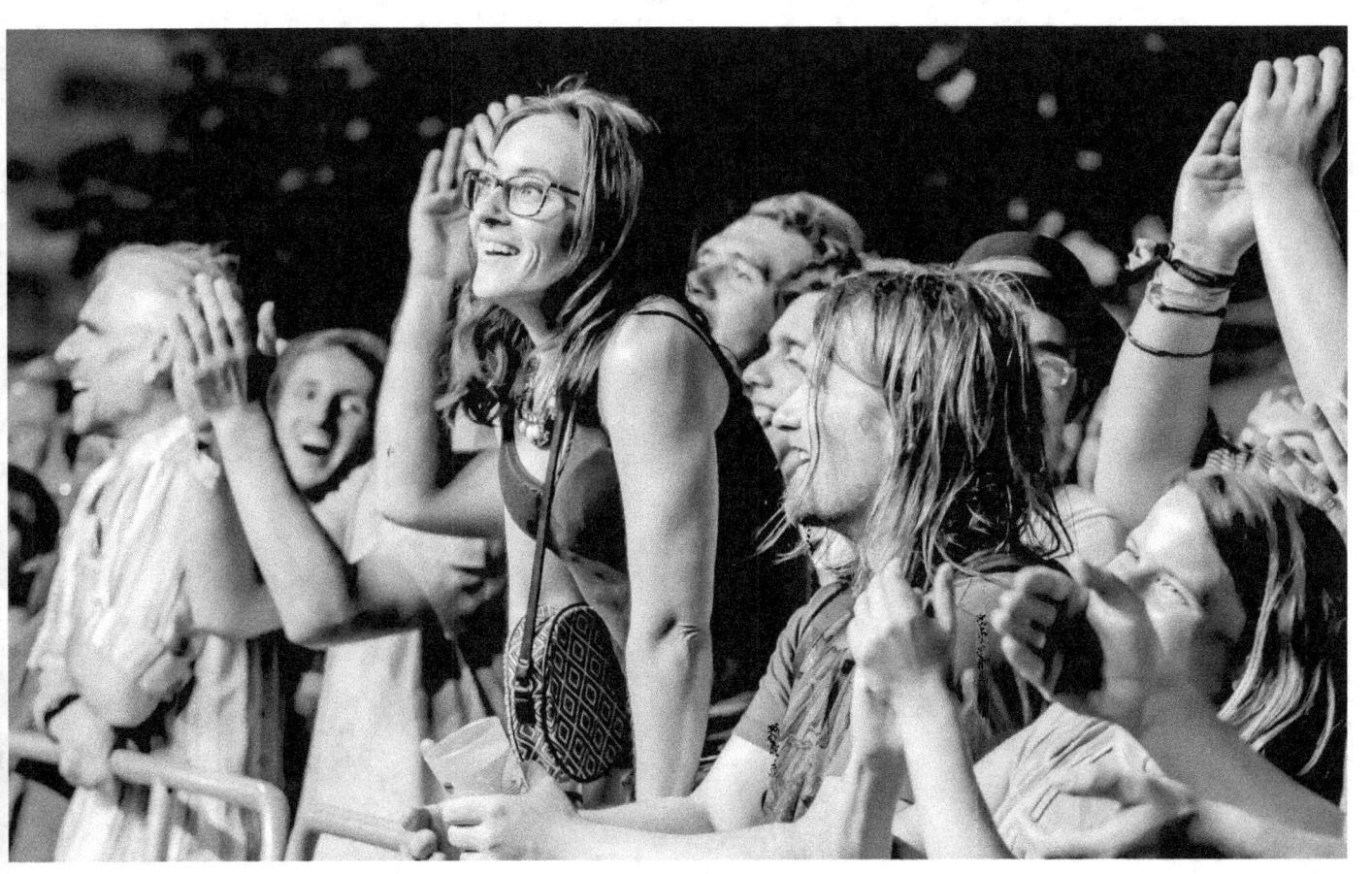

Zuschauer*innen große Bühne Marktplatz, Band Volxtanz, 2016

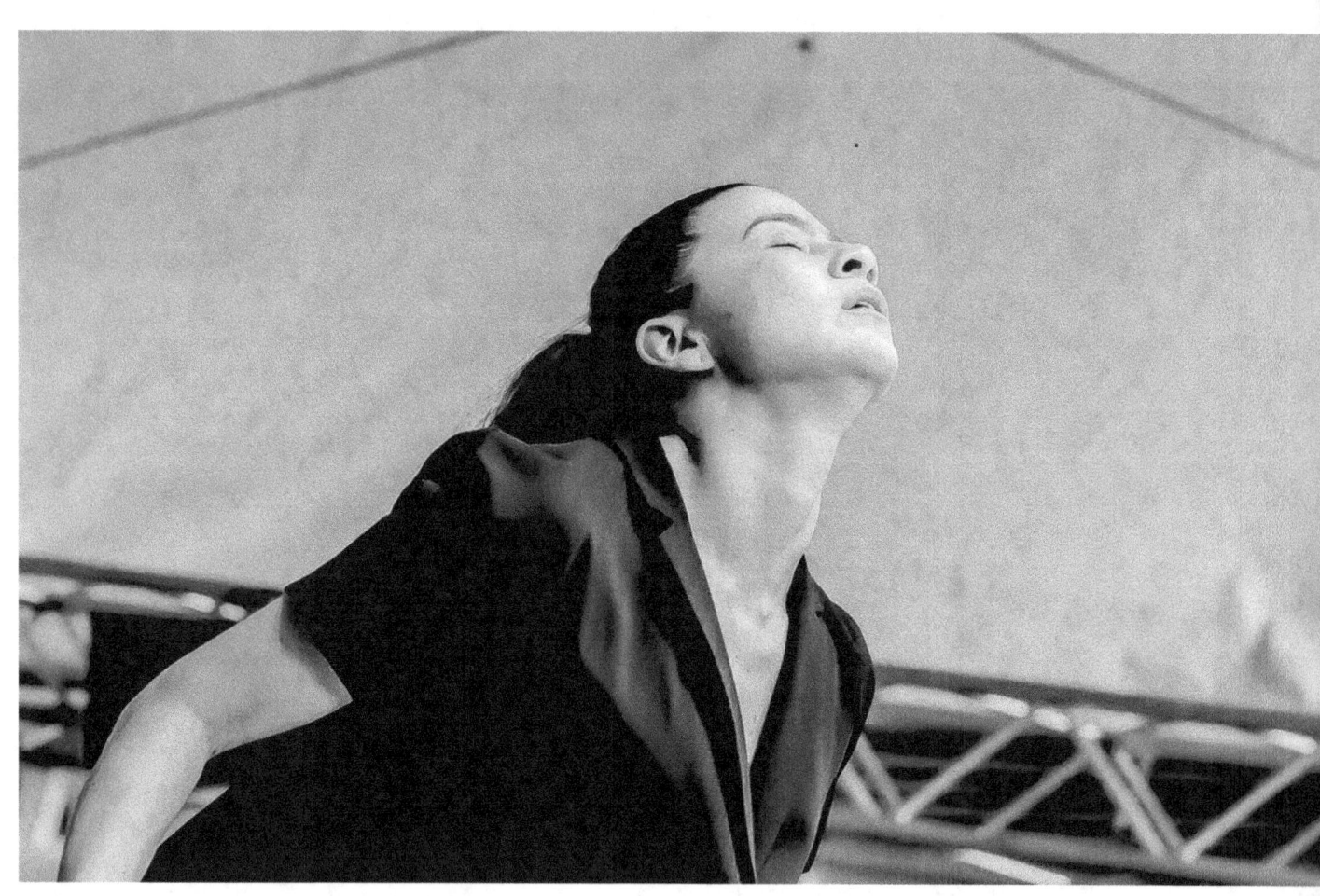

Las Áñez & Martha Hincapie, 2016

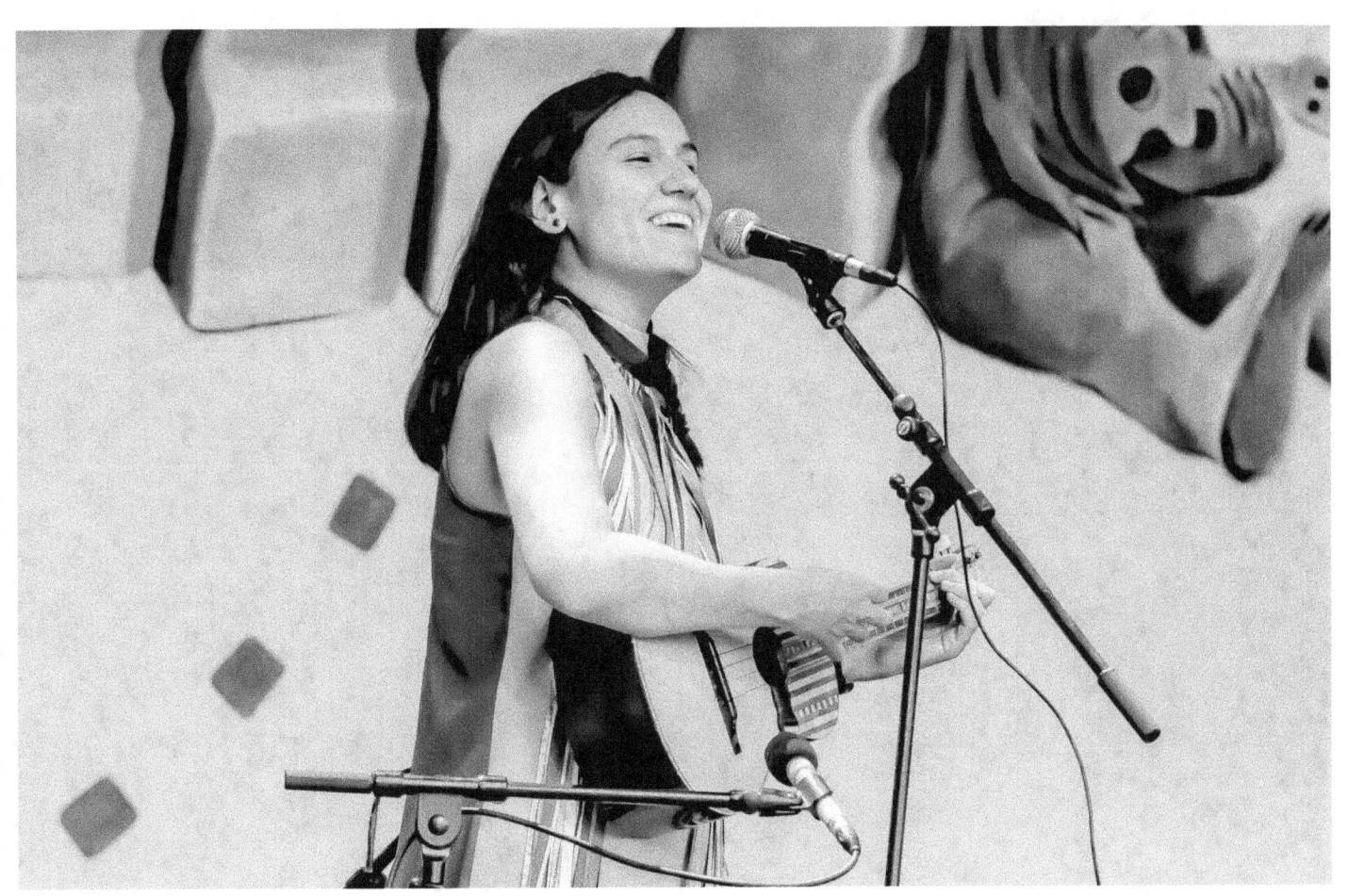

Las Áñez & Martha Hincapie, 2016

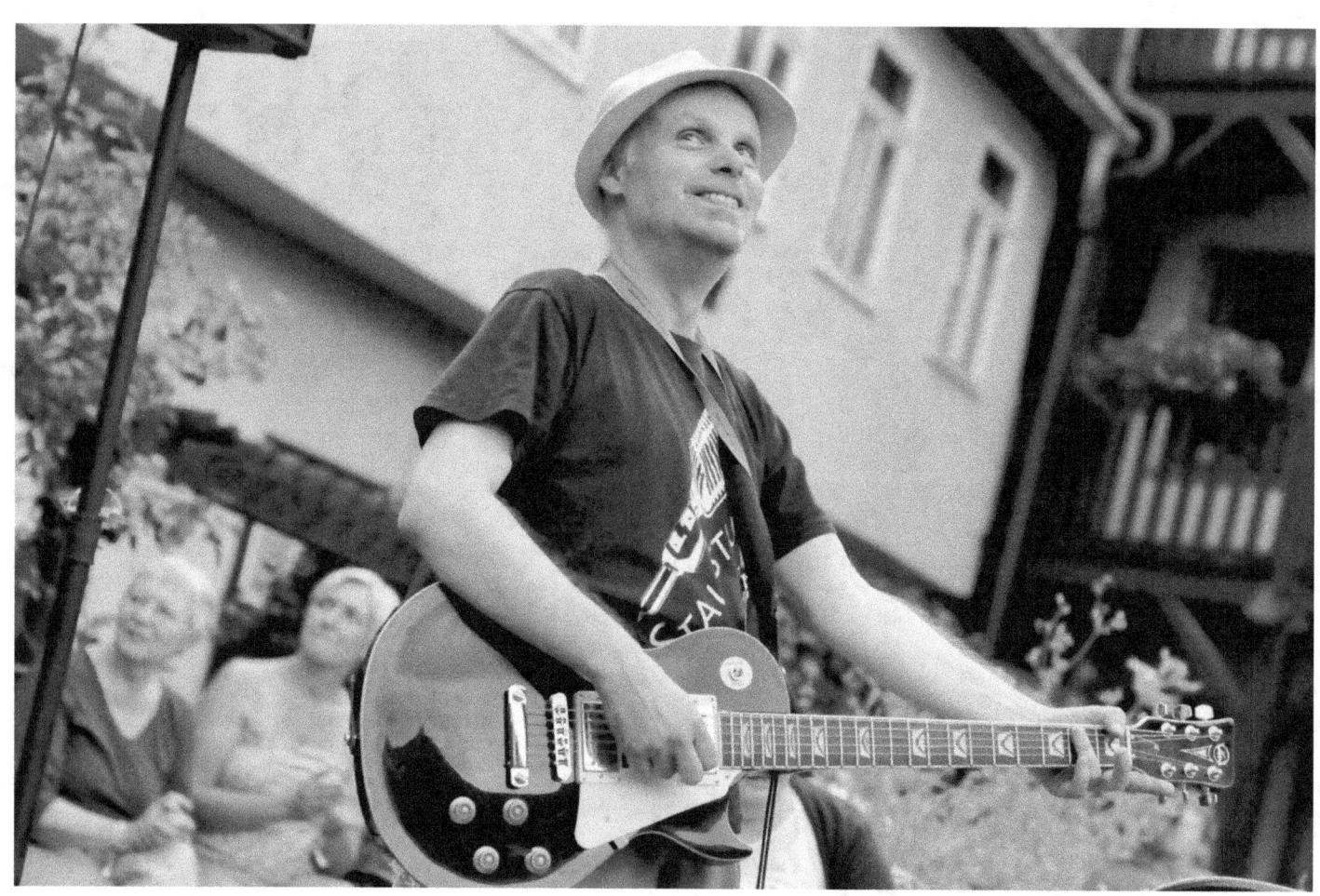

Staubstumm, 2014

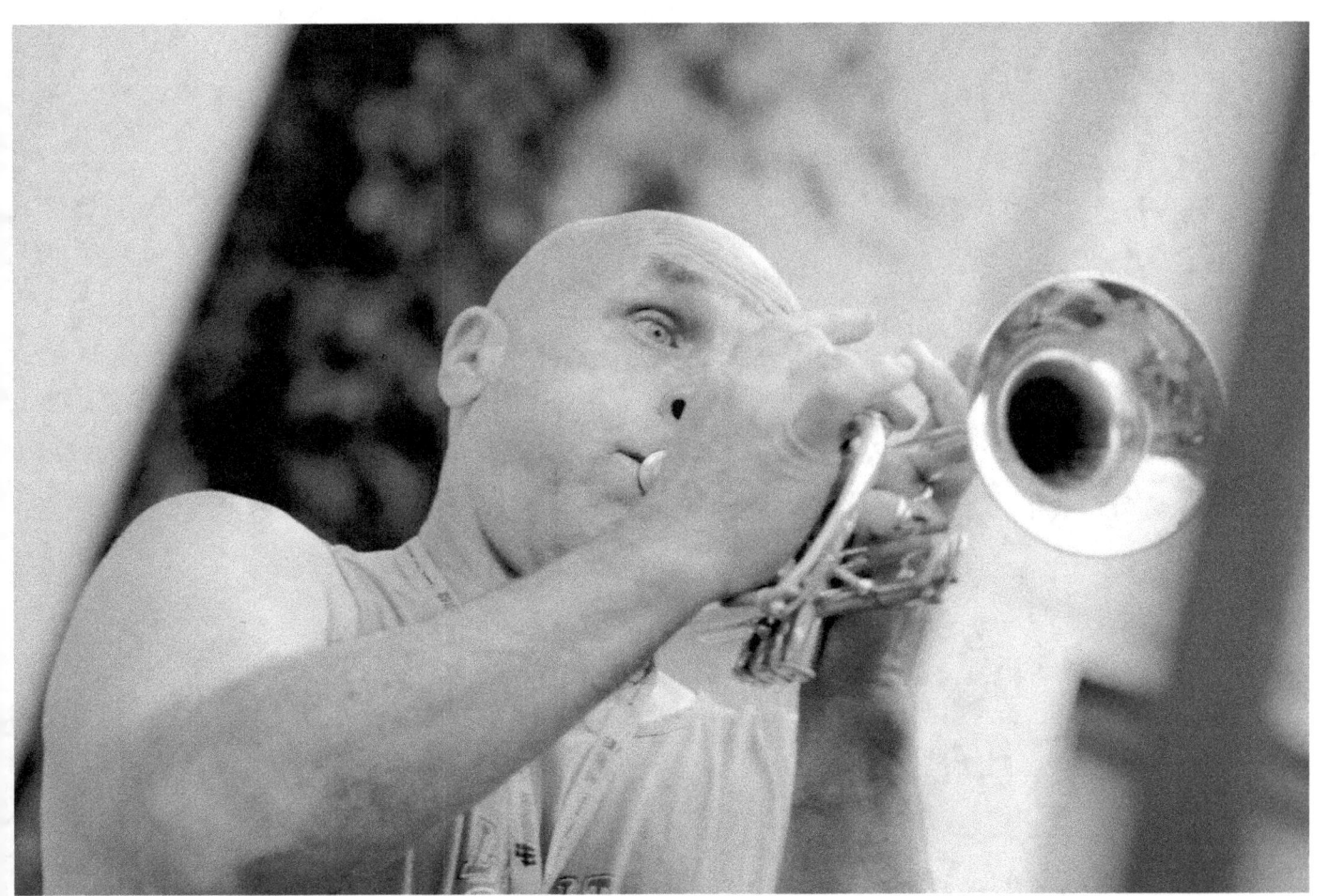

Staubstumm, 2014

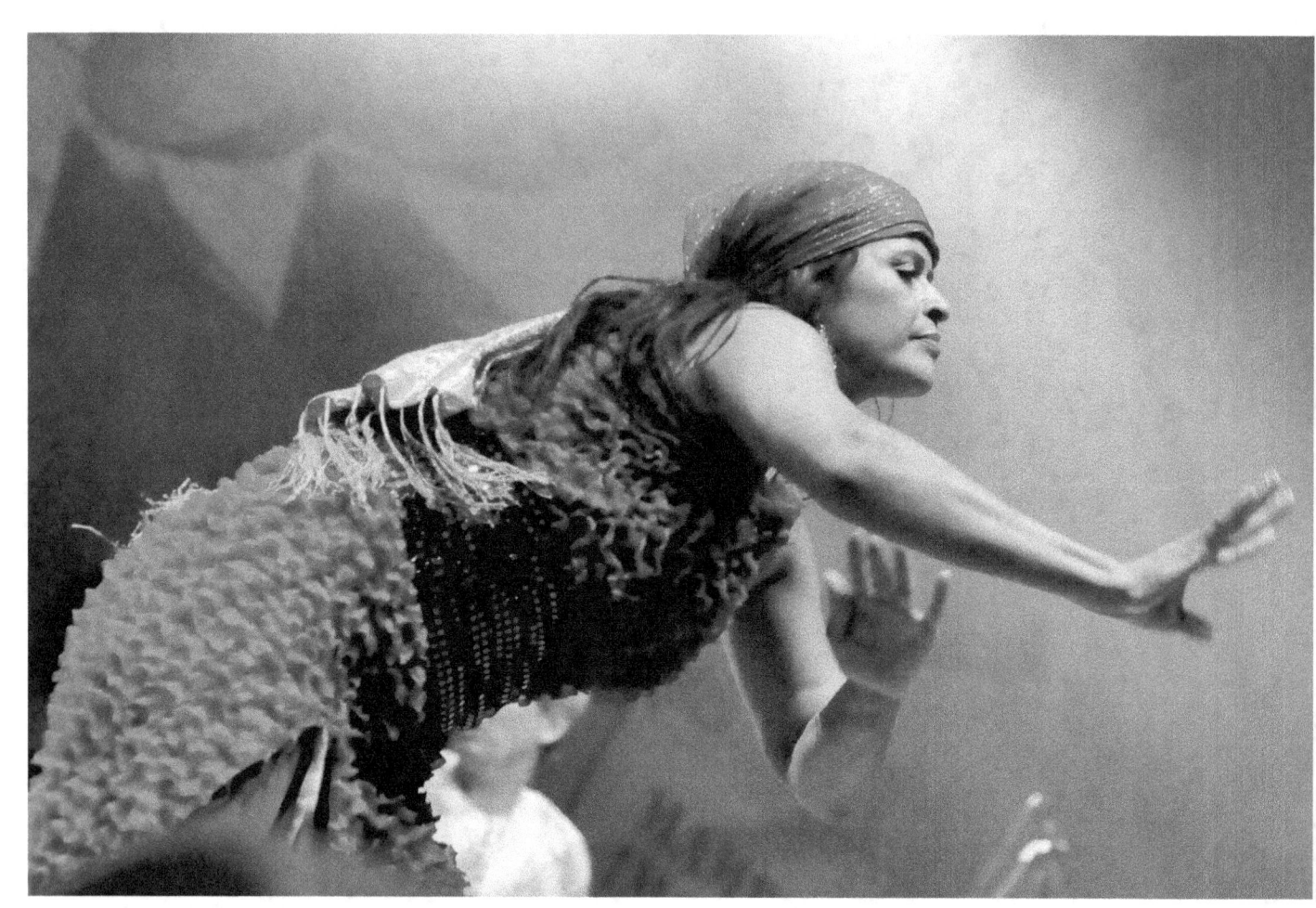

Ddu Tucci & Brazil Power Drums, 2014

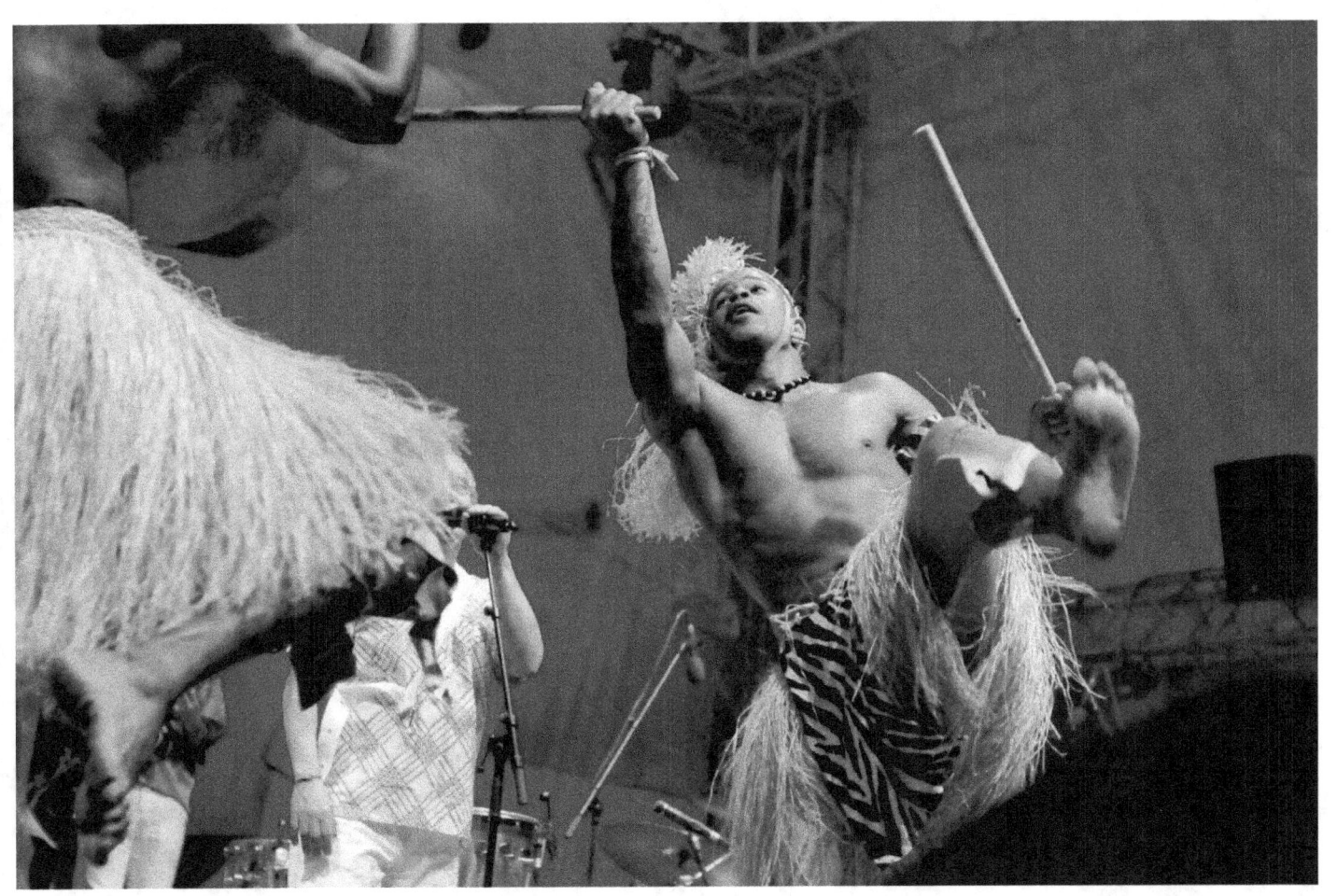

Ddu Tucci & Brazil Power Drums, 2014

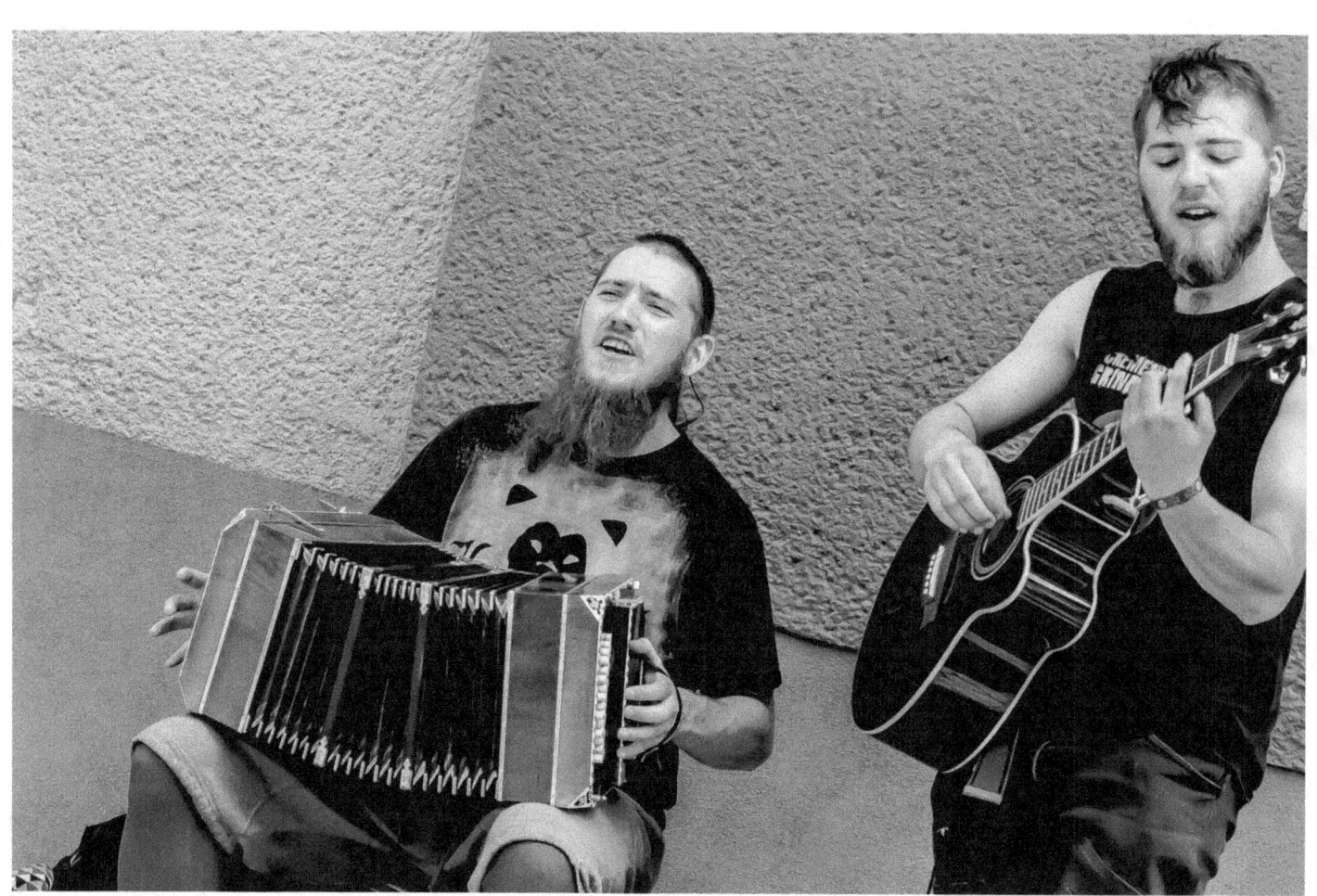

LÖM, 2016

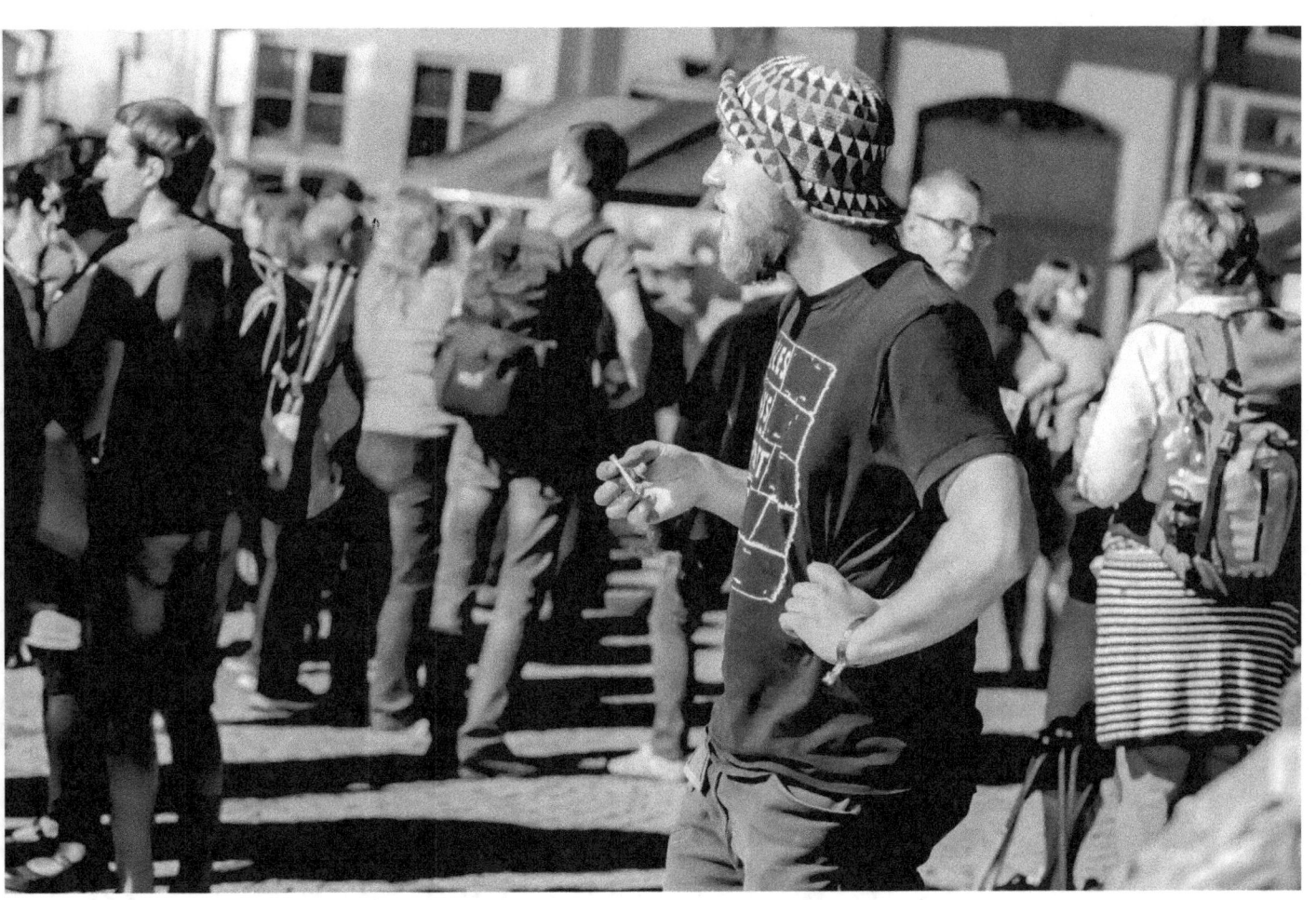

LÖM, 2016

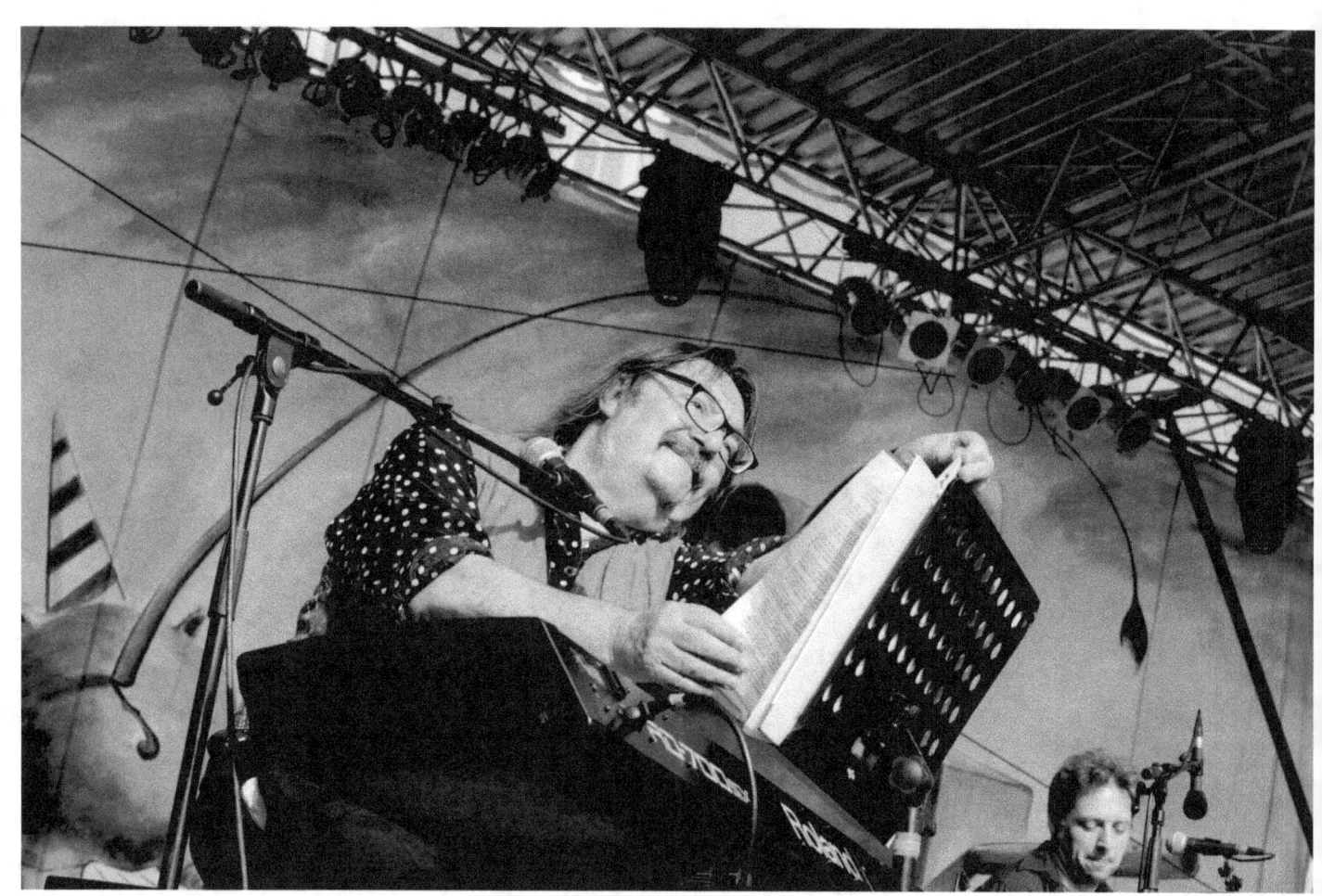

Manfred Maurenbrecher & Band, 2014

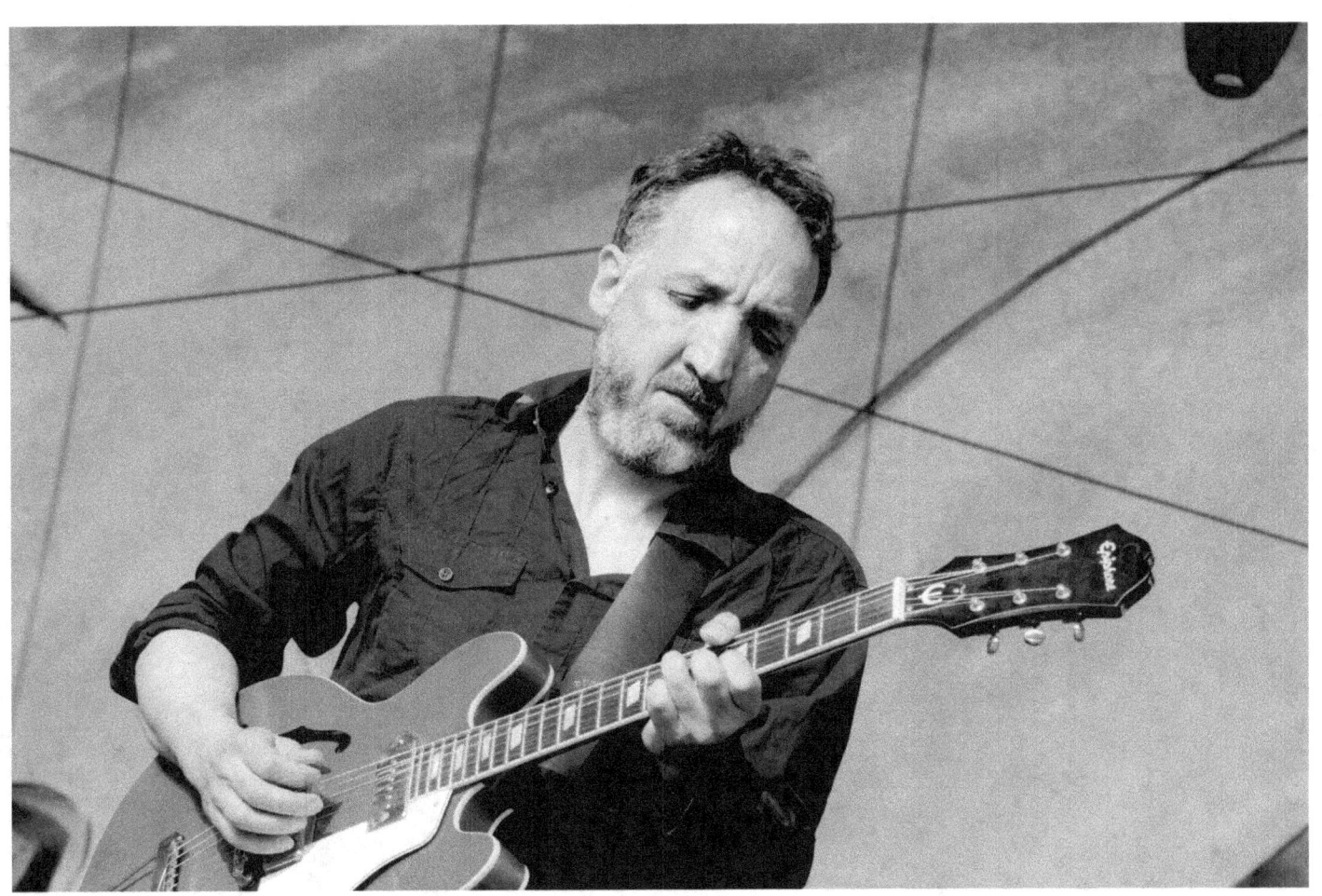

Manfred Maurenbrecher & Band, 2014

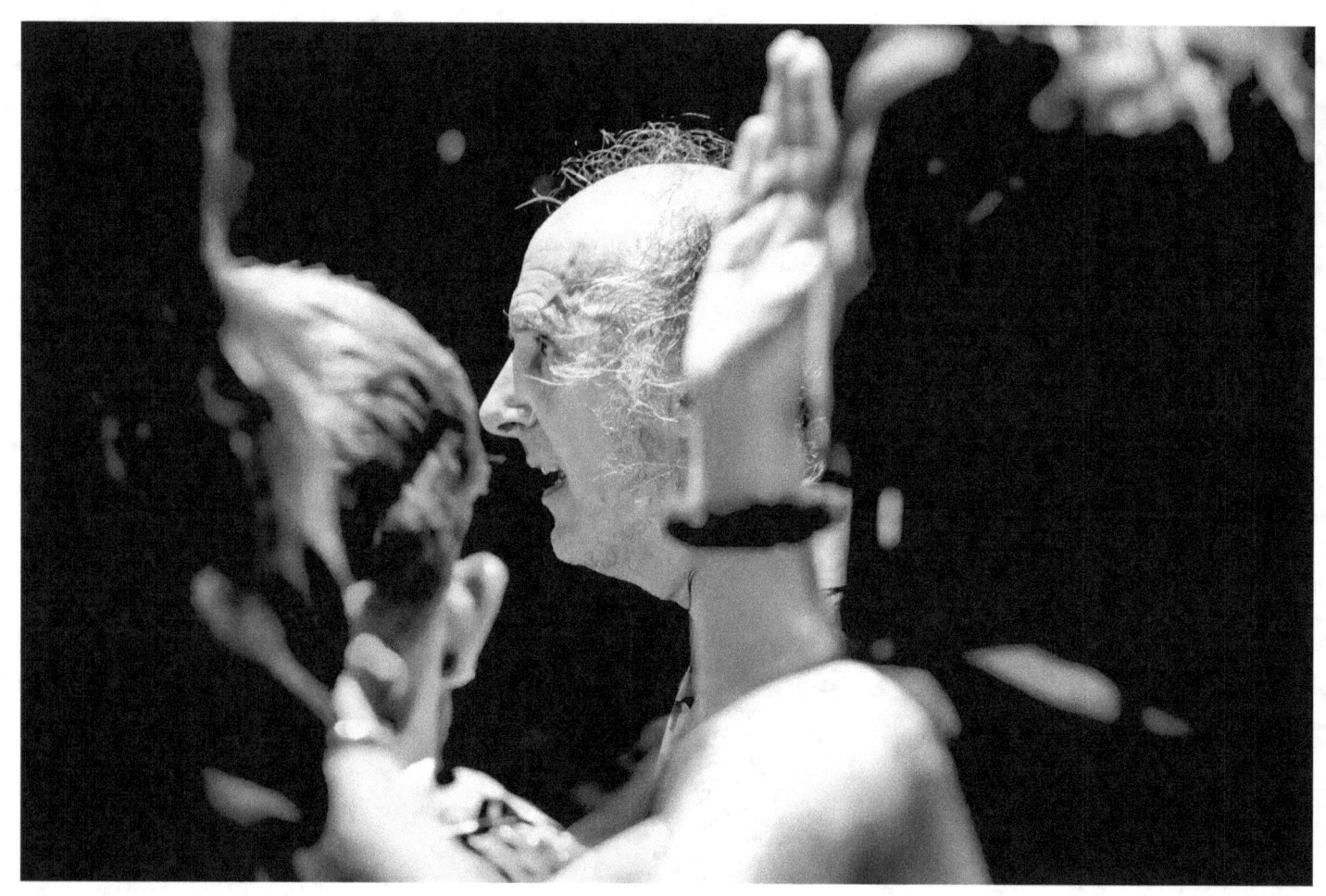

„Késaj Tchavé" - „Die Kinder der Fee" – Roma, 2016

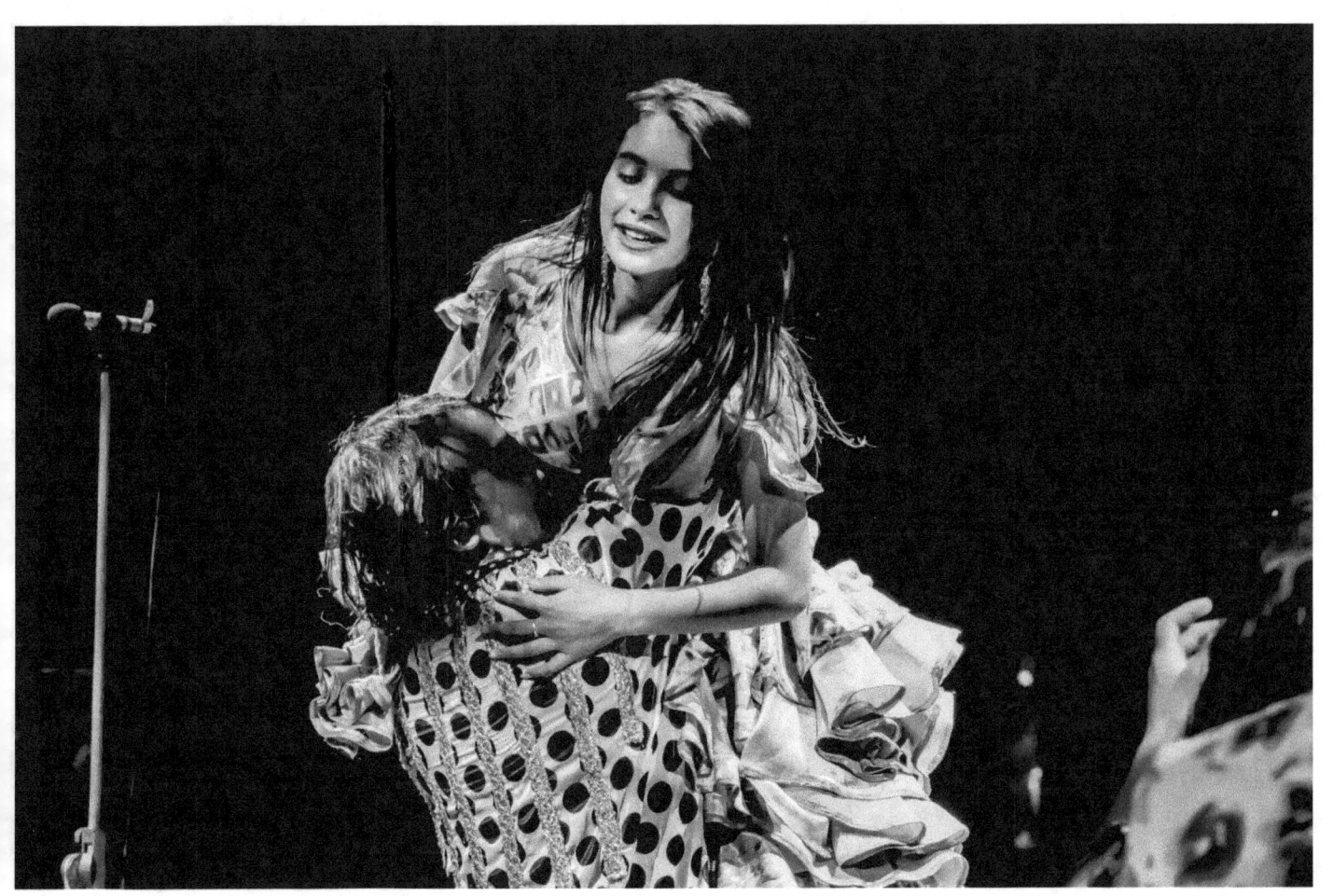

„Késaj Tchavé" - „Die Kinder der Fee" – Roma, 2016

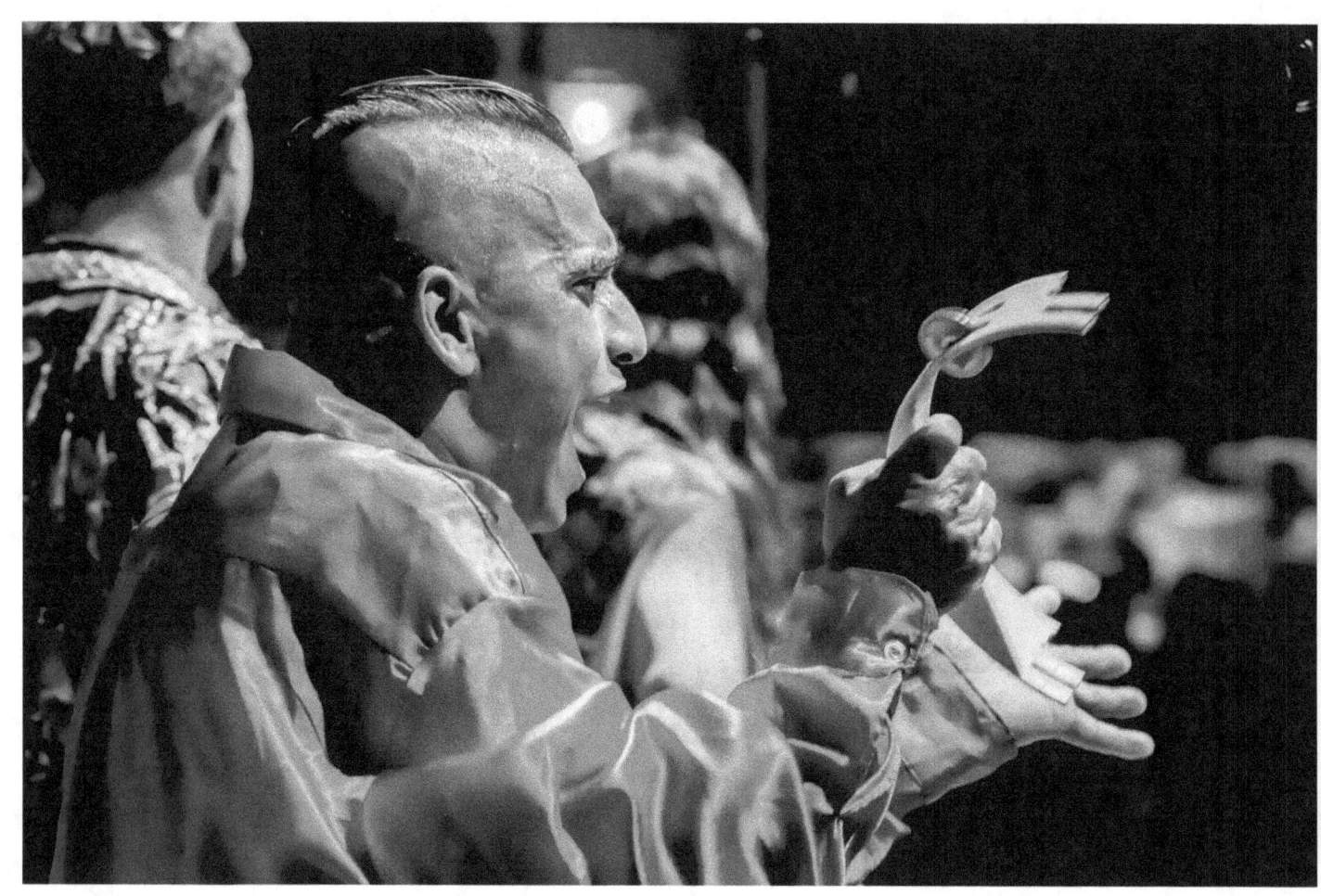

„Késaj Tchavé" - „Die Kinder der Fee" – Roma, 2016

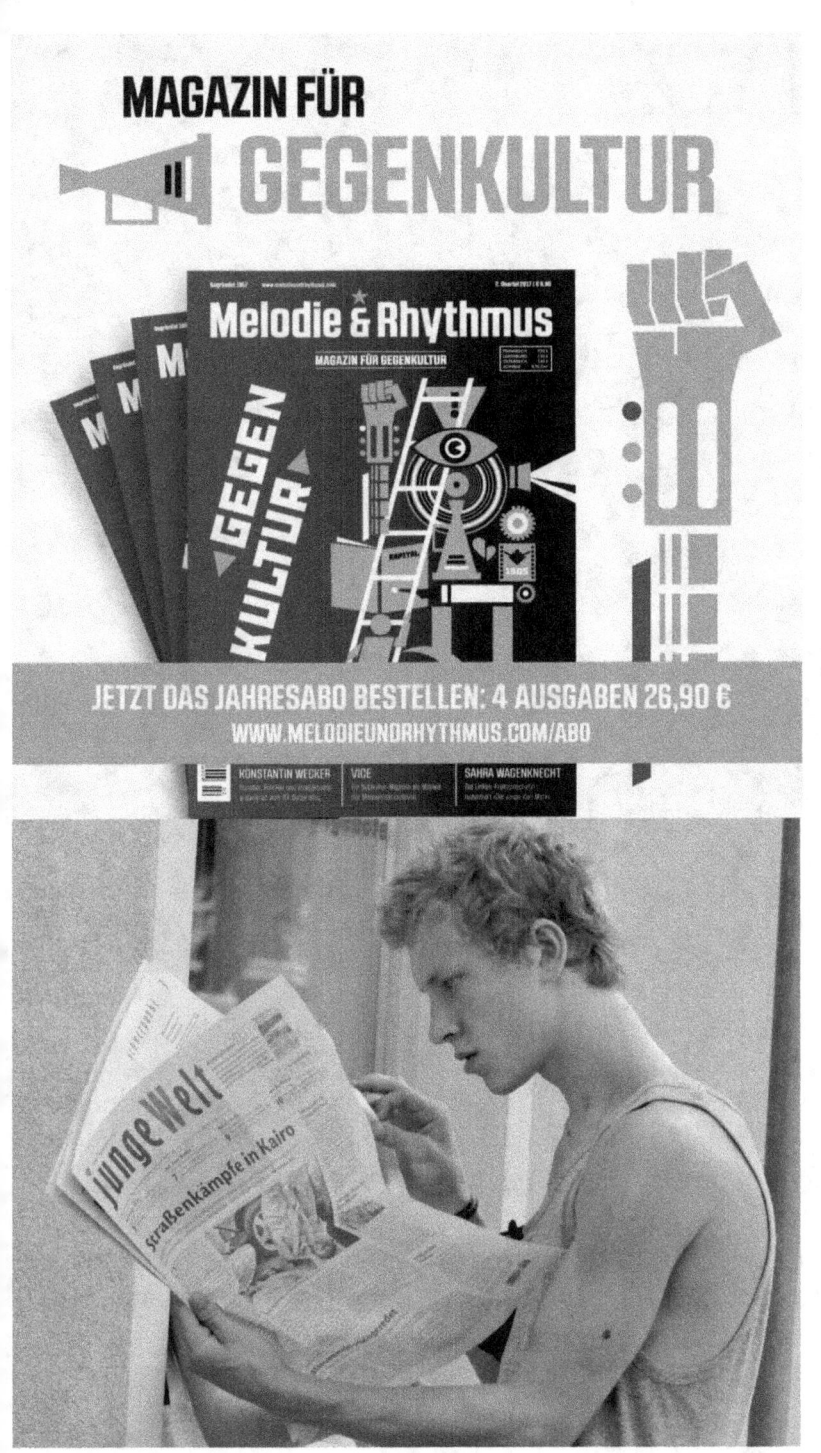

IMPRESSUM

Bibliografische Information der Deutschen Nationalbibliothek:

Die Deutsche Nationalbibliothek

verzeichnet diese Publikation in der

Deutschen Nationalbibliografie;

detaillierte bibliografische Daten sind im Internet über dnb.dnb.de abrufbar.

© 2017 Jens Schulze

Herstellung und Verlag:

BoD – Books on Demand, Norderstedt

ISBN 9783744852005

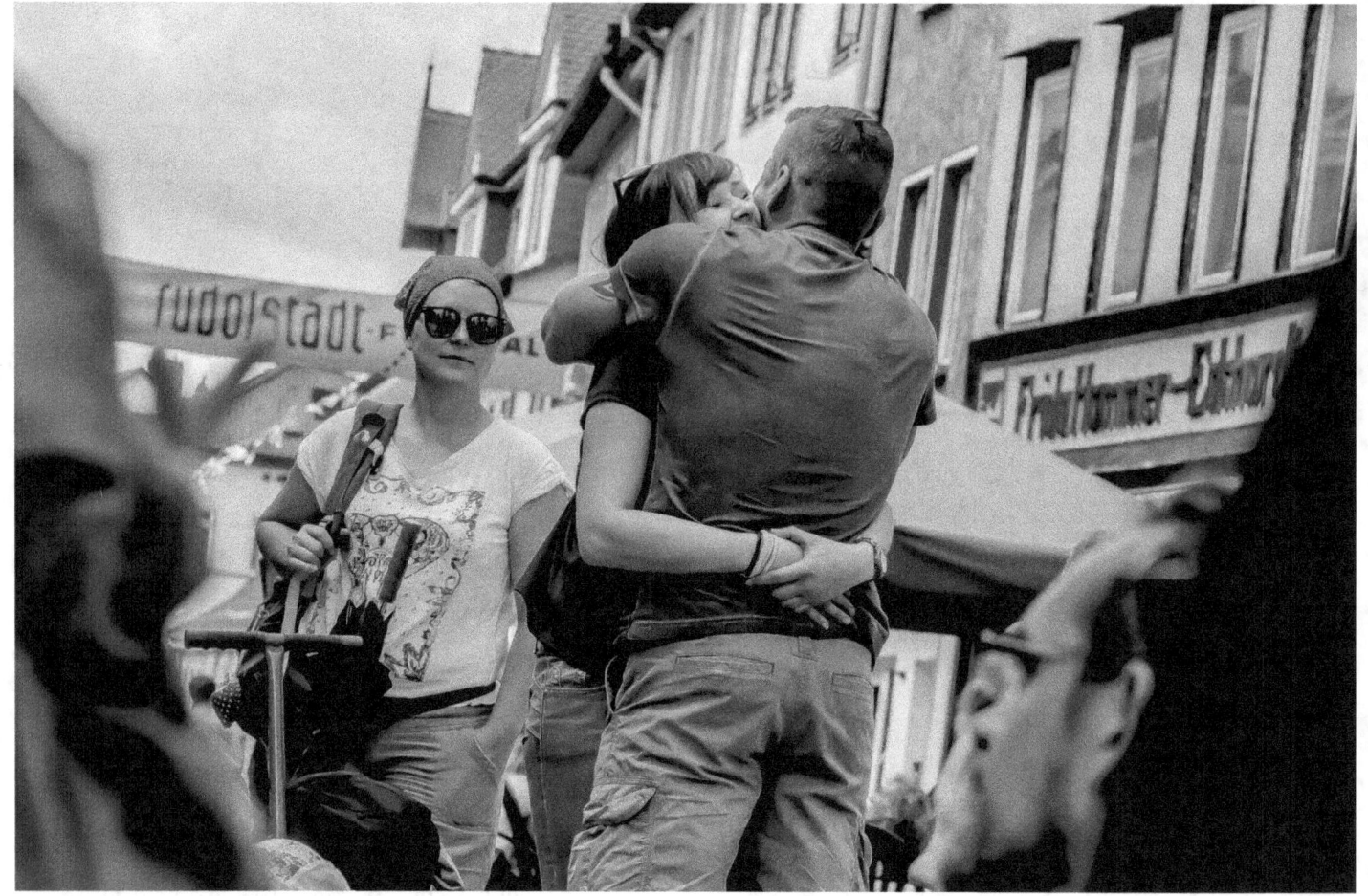

# FOTOGRAFIEN VON JENS SCHULZE

Jens wurde im Jahr 1967 im Sozialismus geboren, Spezialschule für Mathematik und Physik, Offiziershochschule der Luftstreitkräfte/Luftverteidigung der Nationalen Volksarmee mit Abschluss als Diplomingenieur für Elektrotechnik/Elektronik. 1990 unfreiwillig im Kapitalismus gelandet, zwangsläufig den Beruf gewechselt. Dann Elektroingenieur bei der Bahn und ab 1995 Bahnplaner für Gleisbau in einem selbständigen Planungsbüro. Bereits ab der frühen Schulzeit nebenbei Malerei, Grafik, Druck und Fotografie betrieben, stets verbunden mit politischer Arbeit. Im Mittelpunkt der Arbeiten stehen der Mensch und die ihn umgebende Gesellschaft.

Andrea Kähler, Berlin

www.ingramcontent.com/pod-product-compliance
Lightning Source LLC
Chambersburg PA
CBHW082218220526
45470CB00010B/3225